왕안석
산문의 세계

박경실 편역

UUP

왕안석 산문의 세계

- 2019년 12월 02일 **초판 인쇄**
- 2019년 12월 09일 **초판 발행**
- **편역자** 박경실
- **펴낸이** 오연천
- **펴낸곳 UUP**(울산대학교출판부) 680-749 울산광역시 남구 대학로 93(무거동) 울산대학교 출판부
- 전화 (052)259-2488 팩스 (052)277-3011 ▪ **홈페이지** http://uup.ulsan.ac.kr
- **출판등록** 제370-1996-000001호(1996.3.13)
- **₩ 12,000**

ISBN 978.89.7868.680.8 (93820)

서문

중국의 산문은 전통문학의 핵심을 이루고 중국인의 삶과 역사를 풍부한 내용으로 간직하고 있는데 그중 唐宋八家文은 중국에서 뿐 만 아니라 한국에서도 많은 사랑을 받아온 작품들이다. 특히 왕안석은 宋나라의 대표적인 산문가이면서 개혁의 핵심인사인데 당시의 상황에서 실질적인 견해와 개혁 사상을 산문에 잘 표현하였다. 그는 송나라의 대표적인 문학가이면서 정치가로 당시 정치 사회를 신랄하게 비판하면서 사회개혁에 힘쓰는 작품을 남겼다. 현재를 살아가는 우리에게 시사하는 바가 크다. 그러나 왕안석의 작품을 쉽게 접근할 수 있는 기회가 제한적이다.

이에 본서에서는 왕안석 산문의 내용을 쉽게 알고 작품에 대한 이해를 높이기에 주력하였다. 그리하여 각주를 상세하게 첨가하고 작품의 번역과 감상 및 분석을 통하여 산문에 대한 이해를 증진시켰다.

본서는 《王安石全集》(王安石 著, 上海古籍出版社, 1999)을 저본으로 하였고 번역은 《譯註 唐宋八大家文抄, 王安石1》(신

용호·허호구 공역, 전통문화연구회, 2008)를 중심으로 했으며 부분적으로 견해가 다른 것은 수정하여 보완하였다. 각주와 번역은 《王安石散文選集》(王水照·高克勤 編撰, 上海古籍出版社·三聯書店 (香港)有限公司 聯合出版, 1997),《新譯王安石文選》(沈松勤 注譯, 三民書局 , 2011)을 참고로 하였다.

본문에 수록된 산문은 왕안석의 대표작 22편을 발췌하여《王安石全集》에 수록된 순서에 의거하여 편집하였다. 그리하여 중국문학을 전공하는 학생은 물론 일반 독자들에게도 참고가치가 있을 것이다. 이 책을 통하여 왕안석 산문을 이해하고 나아가 중국산문을 폭넓게 수용하고 이해하는 통로가 바라고 앞으로도 당송팔가문의 산문을 접근하기 쉬운 글로 지면에서 계속해서 만날 수 있기를 바랍니다.

이 어려운 책 출판을 위하여 고생한 울산대 출판부 관계자에게 감사의 마음을 전합니다.

2019. 11

박경실

왕안석에 대하여

王安石(왕안석)(1021-1086) 자는 介甫(개보), 撫州 臨川(무주 임천)(현 강서성 무주) 사람으로 북송의 저명한 정치가, 사상가이면서 문학가이다. 송나라 仁宗(인종), 英宗(영종), 神宗(신종) 때에 활동하였다. 그는 정치가로써 관리생활을 하면서 자기의 일생을 송나라의 운명과 같이 하였다. 당시 송나라는 개국 후 근 100 년 정도가 되었는데 송나라는 잠재해 있는 국내외의 문제점이 있었다. 국내적으로는 관료들의 점진적인 부패가 시작되고 군대에서는 전횡을 휘두르고 전투력이 결핍되어 있었다. 또 토지겸병이 심각하여 백성들의 고통이 가중되었다. 대외적으로는 遼(요)나라와 西夏(서하) 침략의 위험을 받아 매년 대량의 絹(견)과 은을 '歲幣'(세폐)의 명목으로 헌납하여 일시적인 안일을 꾀하던 시절이었다. 그리하여 당시 빈곤이 축적되어 있는 사회위기를 구제하기 위해 왕안석은 變法(변법)을 시행하였다. 神宗(신종)의 적극적인 지지 하에 추진된 新法(신법)은 처음에는 성공을 거두었지만 기득권의 강렬한 반대에 부딪혀 결국 실패하였다.

왕안석은 북송의 정치가이면서 문학가로 삼대(夏·殷·周)의 治(치)를 회복하려는 포부를 가졌는데 곧 정치 경제적으로 군주전제와 중앙집권을 강화하려고 하였다. 이것이 왕안석 신법의 중심이고 핵심 정치사상이다. 또한 그는 문학은 현실에 도움이 되고 실용에 적합하게 지어야 된다는 공리적인 문학관을 중시하였다. 그리하여 그의 산문에는 정치를 논하고 時弊(시폐)를 지적하면서 자신의 주장을 명확하게 논변한 문장이 많다. 왕안석은 사치를 배제하고 소박한 삶을 살았는데 문학에도 반영되어 간명하고 기력이 넘치는 작품이 주류를 형성하였다.

본서에는 왕안석의 膾炙人口(회자인구)한 문장 22편을 수록하였는데 산문의 내용을 요약하면 다음과 같다. 황제에게 자신의 정치적 견해를 밝힌 작품으로는 〈上仁宗皇帝言事書〉, 〈上時政疏〉, 〈本朝百年無事箚子〉 등이 있다. 당시 정치제도의 모순점과 시속의 문제점을 비판하고 선왕의 뜻을 본받아서 개혁할 것을 주장하였다. 〈上仁宗皇帝言事書〉는 일명 〈萬言書〉라고 하는데 만여 자에 걸쳐서 정치포부와 송나라 미래 개혁에 관한 청사진을 제시한 왕안석의 대표적인 걸작이다. 또한 人物論(인물론)과 史評(사평)으로 간명하고 전통적인 방법과는 다른 견해로 날카롭게 표현한 작품은 〈讀孟嘗君傳〉, 〈知人〉, 〈伯夷〉, 〈興賢〉, 〈傷仲永〉 등이 있는데 특히 〈讀孟嘗君傳〉은 90여 자에 이르는 단문으로 맹상군에 대하여 재평가한 대표작이다. 〈太古〉는 성인의 교화를 통하여 발전해야지 복고로 돌아가는 것은 어리석은 것이라고 하면서 복고사상을 반박하고 정치혁신을 요구한 글이다. 〈答司馬諫議書〉는 당시 보수파의 영수인 司馬光(사마광)이 보낸 新法(신법)을 비판하는 서신을 받고 반박한 작품이다. 〈答曾子固書〉는 曾鞏(증공)이 왕안석을 비평한 것에 대한 답신으로 세상이 어지러운 것은 불교 때문이 아니라 당시 사대부들의 나쁜 풍속과 관습 때문이라고 반박한 문장이다. 왕안석이 지방관으로 근무하면서 직접 보거나 들은 소금 전매에 따른 폐해와, 누각의 건립과 중건, 수재로 인하여 파괴된 시설을 복구, 水利 건설 등에 관하여 기술한 것은 〈上運使孫司諫書〉, 〈揚州新園亭記〉, 〈信州興造記〉, 〈上杜學士言開河書〉 등이 있다. 〈與馬運判書〉는 당시의 경제상황을 겨냥하여 적극적으로 본인의 개혁의지를 밝힌 글이다. 〈上人書〉와 〈與祖擇之書〉는 문학의 내용과 효과 등을 논술하여 왕안석의 문학관을 표달한 작품이다. 〈芝閣記〉는 귀중한 靈芝(영지)가 시대에 따라 대접받는 것이 다른 것처럼 당시 관리를 등용하는 것도 다름을 불만으로 표출한 작품이다. 〈遊褒禪山記〉는 遊記(유기)형식을 통하여 說理(설리)를 표현하였는데 깊은 사고와 많은 노력을 기울여야 하는 治學(치학)의 자세를 피력하였다. 〈周禮義序〉는 《周禮》를 실용주의 관점으로 해석하여 《周禮義》를 간행하여 이를 황제께 바치면서 지은 서문이다. 〈送孫正之序〉는 揚州에서 사귄 친구 손정의를 송별하면서 그에게 간절한 기대를 걸면서 보낸 글이다.

왕안석의 산문은 구성이 치밀하고 논리가 정연하고, 그의 인생관과 경세관이 응축된 문장인데 실용주의적 국가경영방책인 新法(신법)의 사상이 다각도로 표출되어 있다. 그가 주장하는 정치사상을 문학을 통하여 잘 표출한 위대한 산문가이다.

목차

上仁宗皇帝言事書

臣愚不肖[1], 蒙恩備使一路[2]. 今又蒙恩召還闕廷[3], 有所任屬[4], 而當以使事歸報陛下. 不自知其無以稱職, 而敢緣使事之所及[5], 冒言天下之事. 伏惟陛下詳思而擇其中[6], 幸甚.

---

1) 愚不肖(우불초): 스스로 겸칭을 나타내는 단어. 不肖(불초): 현명하지 않음.
2) 備(비): 충당하다. 使: 당시 전국을 18路(행정구역)로 나누었고 중앙에서는 지방행정을 감찰하는 관리를 파견했는데 王安石은 江南東路에 파견되어 사법 및 행정관을 감찰한 적이 있어 "使"(사)라고 칭하였다.
3) 闕廷(궐정): 朝廷(조정).
4) 屬(촉): 囑(촉)과 같은 의미로, 부탁하다.
5) 緣(연): 因, 근거.
6) 伏惟(복유): 아랫사람이 윗사람에게 의견을 개진할 때 공손을 표시하기 위해서 쓰는 말로 '바랍니다'의 의미.

臣竊觀陛下有恭儉之德[7], 有聰明睿智之才, 夙興野寐[8], 無一日之懈[9], 聲色狗馬[10], 觀游玩好之事, 無纖介之蔽[11], 而仁民愛物之意, 孚於天下[12], 而又公選天下之所願以爲輔相者[13], 屬之以事, 而不貳於讒邪傾巧之臣[14]. 此雖二帝[15]、三王之用心[16], 不過如此而已, 宜其家給人足[17], 天下大治. 而效不至於此, 顧內則不能無以社稷爲患[18], 外則不能無懼於夷狄[19], 天下之財力日以困窮, 而風俗日以衰壞, 四方有志之士, 諰諰然常恐天下之久不安[20].

---

7) 竊(절): 개인적으로, 사사로이.
8) 夙興夜寐(숙흥야매): 일찍 일어나고 늦게 자다. 夙(숙): 일찍. 寐(매): 잠자다.
9) 懈(해): 게으르다.
10) 聲色狗馬(성색구마): 사치스럽고 타락한 향락생활. 聲色(성색): 歌舞(가무)와 女色(여색). 狗馬(구마): 즐기는 물건, 애완물.
11) 纖介(섬개): 추호의, 극히 작은 수량. 蔽(폐): 오염되다.
12) 孚(부): 참되고 믿을 만하다.
13) 輔相(보상): 재상과 대신.
14) 貳(이): 두 가지 마음을 먹다, 의심하다. 讒邪傾巧之臣(참사경교지신): 거짓말하거나 간사하고 권세에 붙어 이익을 취하는 신하.
15) 二帝(이제): 堯(요)임금과 舜(순)임금.
16) 三王(삼왕): 夏(하)나라의 禹(우)임금, 商(상)나라 湯(탕)임금, 周(주)나라 文王(문왕).
17) 給(급): 넉넉하다.
18) 社稷(사직): 예전에 임금이나 제후가 제사지내는 土地神(토지신)과 곡물의 신. 국가를 나타내기도 함.
19) 夷狄(이적): 동쪽과 남쪽에 사는 오랑캐이지만, 본문에서는 北宋(북송)을 위협하는 遼(요)나라와 西夏(서하)를 지칭.

此其故何也? 患在不知法度故也.

今朝廷法嚴令具[21], 無所不有, 而臣以謂無法度者[22], 何哉? 方今之法度, 多不合乎先王之政故也. 孟子曰: "有仁心仁聞, 而澤不加於百姓者, 爲政不法於先王之道故也[23]." 以孟子之說, 觀方今之失, 正在於此而已.

夫以今之世, 去先王之世遠, 所遭之變, 所遇之勢不一, 而欲一二修先王之政, 雖甚愚者, 猶知其難也. 然臣以謂今之失, 患在不法先王之政者. 以謂當法其意而已. 夫二帝、三王, 相去蓋千有餘載, 一治一亂[24], 其盛衰之時具矣. 其所遭之變, 所遇之勢, 亦各不同, 其施設之方亦皆殊, 而其爲天下國家之意, 本末先後, 未嘗不同也. 臣故曰: 當法其意而已. 法其意, 則吾所改易更革, 不至乎傾駭天下之耳目[25], 囂天下之口[26], 而固已合乎先王之

---

20) 諰諰然(시시연): 두려워하는 모양.

21) 具(구): 具備(구비)하다.

22) 以謂(이위): 以爲(이위).

23) 《孟子·離婁上》에서 인용한 문장: "今有仁心仁聞, 而民不被其澤, 不可法於後世者, 不行先王之道也."

24) 一治一亂(일치일난): 어느 때는 다스려지고, 어느 때는 혼란하다. 一: 어느 때.

政矣.

雖然, 以方今之勢揆之[27], 陛下雖欲改易更革天下大事, 合於先王之意, 其勢必不能也. 陛下有恭儉之德, 有聰明睿智之才, 有仁民愛物之意, 誠加之意[28], 則何爲而不成, 何欲而不得? 然而臣顧以謂陛下雖欲改易更革天下之事[29], 合於先王之意, 其勢必不能者, 何也? 以方今天下之人才不足故也.

臣嘗試竊觀天下在位之人, 未有乏於此時者也. 夫人才乏於上, 則有沈廢伏匿在下[30], 而不爲當時所知者矣. 臣又求之於閭巷草野之間[31], 而亦未見其多焉, 豈非陶冶而成之者非其道而然乎[32]? 臣以謂方今在位之人才不足者, 以臣使事之所及, 則可知矣. 今以一路數千里之間, 能推行朝廷之法令, 知其所緩急, 而一切能使民以修其職事者甚少[33], 而

---

25) 傾駭(경해): 놀라게 하다.
26) 囂(효): 시끄럽게 떠들다.
27) 揆(규): 헤아리다.
28) 誠(성): 만약.
29) 顧(고): 오히려.
30) 沈廢伏匿(심폐복닉): 매몰하여 숨기다.
31) 閭巷(여항): 골목. 閭(여): 고대에서는 25가구를 '一 閭'라 하였다.
閭巷草野(여항초야): 민간.
32) 然(연): 이와 같다.

不才苟簡貪鄙之人, 至不可勝數. 其能講先王之意, 以合當時之變者, 蓋闔郡之間[34], 往往而絶也. 朝廷每一令下, 其意雖善, 在位者猶不能推行, 使膏澤加於民[35]. 而吏輒緣之爲姦[36], 以擾百姓. 臣故曰: 在位之人才不足, 而草野閭巷之間亦未見其多也. 夫人才不足, 則陛下雖欲改易更革天下之事, 以合先王之意, 大臣雖有能當陛下之意而欲領此者, 九州之大[37], 四海之遠, 孰能稱陛下之指[38], 以一二推行此, 而人人蒙其施者乎? 臣故曰: 其勢必未能也. 孟子曰: "徒法不能以自行[39]." 非此之謂乎? 然則方今之急, 在於人才而已. 誠能使天下之才衆多, 然後在位之才可以擇其人而取足焉. 在位者得其才矣, 然後稍視時勢之可否, 而因人情之患苦, 變更天下之弊法, 以趨先王之意[40], 甚易也. 今之天

---

33) 修其職事(수기직사): 본직의 일을 잘하다. 修: 다스리다. 잘 하다.
34) 闔(합): 온, 전부.
35) 膏澤(고택): 은혜.
36) 輒(첩): 번번이. 緣(연): 의지하다.
37) 九州(구주): 고대에서는 전국을 9개 구역으로 나누었기에 '구주'라고 칭하고, '전국'이라는 의미로도 사용된다.
38) 稱(칭): 적합하다. 指(지): '旨'와 통용. 곧 旨意(지의)로 취지, 의도.
39) 《孟子·離婁上》에서 인용.
40) 趨(추): 부합하다.

下, 亦先王之天下, 先王之時, 人才嘗衆矣, 何至於今而獨不足乎? 故曰: 陶冶而成之者非其道故也.

商之時, 天下嘗大亂矣. 在位貪毒禍敗, 皆非其人, 及文王之起[41], 而天下之才嘗少矣. 當是時, 文王能陶冶天下之士, 而使之皆有士君子之才, 然後隨其才之所有而官使之.《詩》曰: "豈弟君子, 遐不作人[42]." 此之謂也. 及其成也, 微賤兎罝之人[43], 猶莫不好德, 〈兎罝〉之詩是也[44]. 又況於在位之人乎? 夫文王惟能如此, 故以征則服, 以守則治.《詩》曰: "奉璋峨峨, 髦士攸宜[45]." 又曰: "周王于邁, 六師及之[46]. " 言文王所用文武各得其才, 而無廢事

---

41) 文王(문왕): 周(주)나라 문왕으로, 성은 姬(희), 이름은 昌(창)이다.

42)《詩經·大雅·旱麓》에서 인용. 豈弟(기제): 愷悌(개제)로 통용하는데, '(의식이) 깨어있고 온화하다'는 의미. 遐(하): 何, 어찌.

43) 兎罝之人(토치지인): 토끼를 잡는 사람. 兎罝(토치): 토끼를 잡는 망.

44) 〈兎罝〉:《詩經·國風·周南》의 편명. 鄭玄箋曰: "罝兎之人, 鄙賤之事, 猶能恭敬, 則是賢者衆多也." 곧 주나라 문왕 때는 인재가 많아 토끼를 잡는 사람조차도 품덕을 갖추고 있다는 의미.

45)《詩經·大雅·棫樸》에서 인용. 奉(봉): 捧(봉), 받들다. 璋(장): 璋瓚(장찬), 제사 때 술을 담는 제기. 峨峨(아아): 위엄이 있는 모양. 髦士(모사): 빼어난 사람. 본문에서는 제사에 참가하는 제후와 卿大夫(경대부)를 지칭함. 攸宜(유의): 所宜(소의).

46)《詩經·大雅·棫樸》에서 인용. 于(우): 往, 가다. 邁(매): 가다. 六師(육사): 고대 왕들은 六軍(육군)을 보유하였기에 '六師'라 하였다. 師(사): 고대에 2500명을 '一師'라 하였다.

也. 及至夷、厲之亂[47], 天下之才又嘗少矣. 至宣王之起[48], 所與圖天下之事者, 仲山甫而已[49]. 故詩人歎之曰: "德輶如毛, 維仲山甫擧之, 愛莫助之[50]." 蓋閔人士之少, 而山甫之無助也. 宣王能用仲山甫, 推其類以新美天下之士[51], 而後人才復衆. 於是內修政事, 外討不庭[52], 而復有文、武之境土. 故詩人美之曰: "薄言采芑, 于彼新田, 于此菑畝[53]." 言先王能新美天下之士, 使之有可用之才, 如農夫新美其田, 而使之有可采之芑也. 由此觀之, 人之才未嘗不由人主陶冶而成之者也.

所謂陶冶而成之者何也? 亦教之、養之、取

---

47) 夷(이): 西周(서주)의 夷王(이왕). 厲(여): 夷王(이왕)의 아들. 주나라 이왕이 재위 時(시), 西周(서주)는 점진적으로 쇠락하여 이왕이 친히 내전에서 내려가 제후를 맞이하였다. 여왕은 즉위한 후 포악한 정치를 하였다.

48) 宣王(선왕): 주나라 선왕으로 여왕의 아들, 기원전 828년에서 782년 까지 재위하였는데 西周(서주)의 통치를 공고히 하고 중흥을 꾀하였다.

49) 仲山甫(중산보): 魯(노)나라 獻公(헌공)의 차남으로, 주나라 선왕 때의 공신.

50) 《詩經·大雅·烝民》에서 인용. 輶(유): 가볍다.

51) 新美(신미): 쇄신하고 그것을 아름답게 하다. 새롭게 배양하다.

52) 不庭(불정): 제후가 천자에게 조공을 받치지 않는 것, 본문에서는 조공을 하지 않는 제후국.

53) 《詩經·小雅·采芑》에서 인용. 薄言(박언): 어조사로 뜻이 없음. 芑(기): 상추. 新田(신전): 고대에 개간 2년의 밭. 菑(치): 개간 첫 해의 밭.

之、任之有其道而已.

所謂教之之道何也? 古者天子諸侯, 自國至於鄕黨皆有學[54], 博置教導之官而嚴其選[55]. 朝廷禮樂刑政之事, 皆在於學. 士所觀而習者, 皆先王之法言德行、治天下之意, 其林亦可以爲天下國家之用. 苟不可以爲天下國家之用, 則不教也. 苟可以爲天下國家之用者, 則無不在於學. 此教之之道也.

所謂養之之道何也? 饒之以財[56], 約之以禮[57], 裁之以法也[58], 何謂饒之以財? 人之情, 不足於財, 則貪鄙苟得, 無所不至. 先王知其如此, 故其制祿[59], 自庶人之在官者, 其祿已足以代其耕矣. 由此等而上之, 每有加焉, 使其足以養廉恥而離於貪鄙之行. 猶以爲未也, 又推其祿以及其子孫, 謂之世祿[60]. 使其生也, 旣於父子、兄弟、妻子之養, 昏姻、朋友之

---

54) 《禮記·學記》: " 古之教者, 家有塾, 黨有庠, 鄕有序, 國有學." 鄕黨(향당): 시골 마을. 고대 500가구는 黨(당)이고, 2500가구는 鄕(향)이라고 하였다.

55) 博置(박치): 광범위하게 설치하다.

56) 饒(요): 넉넉하다, 많다.

57) 約(약): 억제하다, 제한하다, 얽매다.

58) 裁(재): 制裁(제재)하다.

59) 制祿(제녹): 규정된 급료.

60) 世祿(세록): 자자손손 전해지는 관직과 봉록.

接, 皆無憾也; 其死也, 又於子孫無不足之憂焉. 何謂約之以禮? 人情足於財而無禮以節之, 則又放僻邪侈[61], 無所不至. 先王知其如此, 故爲之制度. 婚喪、祭養、燕享之事[62], 服食、器用之物, 皆以命數爲之節[63], 而齊之以律度量衡之法. 其命可以爲之, 而財不足以具, 則弗具也; 其財可以具, 而命不得爲之者, 不使有銖兩分寸之加焉[64]. 何謂裁之以法? 先王於天下之士, 敎之以道藝矣[65], 不帥敎[66], 則待之以屛棄遠方、終身不齒之法[67]. 約之以禮矣, 不循禮, 則待之以流、殺之法[68].《王制》曰: "變衣服者, 其君流[69]."《酒誥》曰: "厥成誥曰: '羣飮, 汝勿佚.

---

61) 放僻邪侈(방벽사치): 방탕하고 제멋대로 하여, 온갖 나쁜 짓을 저지르다. 僻(벽): 邪行(사행). 侈(치): 放縱(방종).

62) 燕享(연향): 연회.

63) 命數(명수): 등급.《周禮·春官·典命》에 의거하면 제후에서 관료에 이르기 까지 등급을 나누어 최고는 九命(구명), 최저는 一命(일명)으로 命數(명수)에 따라 복식과 대우 등을 정하였다. 節(절): 制約.

64) 銖兩(수양): 아주 경미하다. 銖(수): 고대 무게의 단위로 1냥의 24분의 1.

65) 道藝(도예): 도덕과 技藝(기예). 藝(예): 고대에서는 禮(예)·樂(악)·射(사)·御(어)·書(서)·數(수)를 '六藝'라 하였다.

66) 不帥敎(불수교): 지도를 따르지 않다. 帥(수): 따르다.

67) 屛棄(병기): 몰아내다. 不齒(불치): 같은 지위에 있지 않다. 즉 극단적으로 경시하다.

68) 流(유): 유배하다.

69)《禮記·王制》에서 인용하였지만 내용이 좀 상이함. "變禮易樂者爲不從, 不從者流; 革制度衣服者爲畔, 畔君者討."

盡執拘以歸於周, 予其殺!'[70]" 夫羣飮、變衣服, 小罪也; 流、殺, 大刑也. 加小罪以大刑, 先王所以忍而不疑者, 以爲不如是, 不足以一天下之俗而成吾治. 夫約之以禮, 裁之以法, 天下所以服從無抵冒者[71], 又非獨其禁嚴而治察之所能致也[72]. 蓋亦以吾至誠懇惻之心, 力行而爲之倡. 凡在左右通貴之人[73], 皆順上之欲而服行之, 有一不帥者, 法之加必自此始[74]. 夫上以至誠行之, 而貴者知避上之所惡矣, 則天下之不罰而止者衆矣. 故曰: 此養之之道也.

所謂取之之道者, 何也? 先王之取人也, 必於鄕黨, 必於庠序[75], 使衆人推其所謂賢能, 書之以告於上而察之. 誠賢能也, 然後隨其德之大小、才之高下而官使之. 所謂察之者, 非專用耳目之聰明, 而聽私於一人之口也. 欲審知其德, 問以行; 欲審

---

70) 《尙書·酒誥》에서 인용. 誥(고): 훈계하는 공문서. 厥(궐): 其(기). 그. 佚(일): 해이하다.

71) 抵冒(저모): 抵觸(저촉)되다.

72) 禁(금): 禁令(금령), 금지령. 察(찰): 엄밀하다.

73) 通貴之人(통귀지인): 고관과 貴人(귀인). 通(통): 達(달), 達官(달관). 곧 고관.

74) 加(가): 집행하다.

75) 庠序(상서): 고대의 학교.

知其才[76], 問以言. 得其言行, 則試之以事. 所謂察之者, 試之以事是也. 雖堯之用舜[77], 亦不過如此而已, 又況其下乎? 若夫九州之大, 四海之遠, 萬官億醜之賤[78], 所須士大夫之才則衆矣. 有天下者, 又不可以一二自察之也, 又不可以偏屬於一人, 而使之於一日二日之間, 考試其行能而進退之也. 蓋吾已能察其才行之大者, 以爲大官矣, 因使之取其類以持久試之, 而考其能者以告於上, 而後以爵命、祿秩予之而已[79]. 此取之之道也.

所謂任之之道者, 何也? 人之才德, 高下厚薄不同, 其所任有宜有不宜. 先王知其如此, 故知農者以爲后稷[80], 知工者以爲共工. 其德厚而才高者, 以爲之長[81]; 德薄而才下者, 以爲之佐屬[82]. 又以久於其職, 則上狃習而知其事[83], 下服馴而安其敎, 賢

---

76) 察知(찰지): 상세하게 알다. 察(찰): 상세하다.
77) 堯之用舜(요지용순): 요임금이 순에게 讓位(양위)하기 이전에 3차례 정밀하게 관찰하였다. 그런 후에 양위를 하였다.
78) 億醜(억추): 많은 사람. 億(억): 多. 醜(추): 同類.
79) 爵命(작명): 官職任命(관직임명). 爵(작): 작위, 관직. 祿秩(녹질): 俸祿等級(봉록등급).
80) 后稷(후직): 고대 농사를 관리하는 관직.
81) 長(장): 장관.
82) 佐屬(좌속): 조수.

者則其功可以至於成, 不肖者則其罪可以至於著[84], 故久其任而待之以考績之法. 夫如此, 故智能才力之士, 則得盡其智以赴功, 而不患其事之不終、其功之不就也. 偸惰苟且之人, 雖欲取容於一時[85], 而顧僇辱在其後[86], 安敢不勉乎? 若夫無能之人, 固知辭避而去矣. 居職任事之日久, 不勝任之罪不可以幸而免故也[87]. 彼且不敢冒而知辭避矣, 尙何有比周、讒諂、爭進之人乎[88]? 取之旣已詳, 使之旣已當, 處之旣已久, 至其任之也又專焉, 而不一二以法束縛之, 而使之得行其意, 堯、舜之所以理百官而熙衆工者[89], 以此而已. 《書》曰: "三載考績, 三考, 黜陟幽明[90]." 此之謂也. 然堯、舜之時, 其所黜者, 則聞之矣, 蓋四凶是也[91]. 其所陟者, 則皐陶、稷、

83) 狃習(뉴습): 충분히 알다.
84) 著(저): 드러나다.
85) 取容(취용): (남)의 환심을 사다. 영합하다.
86) 僇辱(육욕): 징벌과 모욕.
87) 幸(행): 요행.
88) 比周(비주): 작당하여 사리사욕을 꾀하다.
89) 《尙書·堯典》에서 인용. "允釐百工, 庶績咸熙." 熙(희): 흥성하다. 工(공): 功(공), 사업. 일.
90) 《尙書·舜典》에서 인용. 考績(고적): 심사함. 黜(출): 내몰다. 陟(척): 올리다.
91) 四凶(사흉): 순임금에게 유배당한 渾敦(혼돈) ·窮奇(궁기)·檮杌(도올)·

契[92], 皆終身一官而不徙. 蓋其所謂陟者, 特加之爵命、祿賜而已耳. 此任之之道也.

夫敎之、養之、取之、任之之道如此, 而當時人君, 又能與其大臣悉其耳目心力[93], 至誠惻怛[94], 思念而行之. 此其人臣之所以無疑, 而於天下國家之事, 無所欲爲而不得也.

方今州縣雖有學, 取牆壁具而已[95], 非有敎導之官, 長育人才之事也. 唯太學有敎導之官, 而亦未嘗嚴其選. 朝廷禮樂刑政之事, 未嘗在於學. 學者亦漠然[96], 自以禮樂刑政爲有司之事, 而非己所當知也. 學者之所敎, 講說章句而已. 講說章句, 固非古者敎人之道也. 近歲乃始敎之以課試之文章[97]. 夫課試之文章, 非博誦强學、窮日之力則不能. 及其能工也, 大則不足以用天下國家, 小則不足以爲天

饕餮(도철).

92) 皐陶(고도): 순임금의 신하로 형벌의 일을 관장. 稷(직): 后稷(후직)으로 요임금과 순임금 때 농사를 관장한 신하. 契(계): 商(상)나라의 시조로 禹(우)임금을 도와서 治水를 하였음.

93) 悉(실): 모두.

94) 惻怛(측달): 불쌍히 여겨 슬퍼함.

95) 取牆壁具(취장벽구): 다만 담장과 벽만을 구비함. 유명무실하다.

96) 漠然(막연): 소홀한 모양.

97) 課試之文章(과시지문장): 과거시험에 대처하는 문장.

下國家之用. 故雖白首於庠序, 窮日之力以帥上之敎, 及使之從政, 則茫然不知其方者. 皆是也. 蓋今之敎者, 非特不能成人之才而已, 又從而困苦毁壞之, 使不得成才者, 何也? 夫人之才, 成於專而毁於雜. 故先王之處民才, 處工於官府[98], 處農於畎畝[99], 處商賈於肆[100], 而處士於庠序, 使各專其業而不見異物, 懼異物之足以害其業也[101]. 所謂士者, 又非特使之不得見異物而已, 一示之以先王之道, 而百家諸子之異說, 皆屛之而莫敢習者也[102]. 今士之所宜學者, 天下國家之用也. 今悉使置之不敎, 而敎之以課試之文章, 使其耗精疲神, 窮日之力以從事於此. 及其任之以官也, 則又悉使置之, 而責之以天下國家之事. 夫古之人, 以朝夕專其業於天下國家之事, 而猶才有能有不能. 今乃移其精神, 奪

---

98) 工(공): 장인. 官府(관부): 여기서는 작업장.
99) 畎畝(견무): 밭도랑.
100) 商賈(상고): 상인. 商(상): 행상. 賈(고): 좌상.
101) 이상의 7문장은 《管子·小匡》에서 인용. "士農工商四民, 國之石民也. 是故聖王之處士必於閒燕處, 農必就田野處, 工必就官府處, 商必就市井, 少而習焉, 其心安焉, 不見異物而遷焉." 《周禮》에도 비슷한 내용이 있음.
102) 屛(병): 배제하다.

其日力, 以朝夕從事於無補之學. 及其任之以事, 然後卒然責之以爲天下國家之用[103], 宜其才之足以有爲者少矣. 臣故曰: 非特不能成人之才, 又從而困苦毁壞之, 使不得成才也.

又有甚害者, 先王之時, 士之所學者, 文武之道也. 士之才, 有可以爲公卿大夫, 有可以爲士. 其才之大小、宜不宜則有矣, 至於武事, 則隨其才之大小, 未有不學者也. 故其大者, 居則爲六官之卿[104], 出則爲六軍之將也[105]. 其次則比、閭、族、黨之師[106], 亦皆卒、兩、師、旅之帥也[107]. 故邊疆、宿衛[108], 皆得士大夫爲之, 而小人不得奸其任[109].

---

103) 卒然(졸연): 猝然(졸연), 돌연히.

104) 六官(육관):《周禮》에 의거하면 周나라 때에 설립한 여섯 개의 중앙 행정기관으로, 天官冢宰(천관총재)·地官司徒(지관사도)·春官宗伯(춘관종백)·夏官司馬(하관사마)·秋官司寇(추관사구)·冬官司空(동관사공)으로, 각각 재정·군사·형법·교육·토목을 관장하는데 육관 또는 六卿(육경)이라 한다.

105) 六軍(육군): 주나라 때 兵制(병제)로, 천자는 六軍, 제후국은 三軍·二軍·一軍으로 같지 않다.《周禮夏官司馬》: "凡制軍萬有二千五百人爲軍. 王六軍, 大國三軍, 次國二軍, 小國一軍." 이후 六軍(육군)은 朝廷(조정)군대의 통칭으로 삼았다.

106) 比閭族黨(비려족당): 고대 지방행정조직으로 五家(오가)는 比(비), 五比(오비)는 閭(여), 五閭(오여)는 族(족), 五族(오족)은 黨(당)이다.

107) 卒兩師旅(졸양사려): 고대 군대의 편제로, 100인은 卒(졸), 25인은 兩(양), 2600명은 師(사), 500인은 旅(려)라고 하였다.

108) 邊疆宿衛(변강숙위): 변방을 보위하고 궁궐을 수비하다.

今之學者, 以爲文武異事, 吾知治文事而已, 至於邊疆、宿衛之任, 則推而屬之於卒伍[110], 往往天下姦悍無賴之人. 苟其才行足自託於鄕里者, 亦未有肯去親戚而從召募者也. 邊疆、宿衛, 此乃天下之重任, 而人主之所當愼重者也. 故古者敎士, 以射、御爲急[111], 其他技能, 則視其人才之所宜, 而後敎之. 其才之所不能, 則不强也. 至於射, 則爲男子之事, 人之生, 有疾則已, 苟無疾, 未有去射而不學者也. 在庠序之間, 固當從事於射也. 有賓客之事則以射, 有祭祀之事則以射, 別士之行同能偶則以射[112], 於禮樂之事未嘗不寓以射[113], 而射亦未嘗不在於禮樂、祭祀之間也.《易》曰: "弧矢之利, 以威天下.[114]" 先王豈以射爲可以習揖讓之儀而已乎? 固以爲射者, 武事之尤大, 而威天下、守國家之具也. 居則以是習禮樂, 出則以是從戰伐. 士

---

109) 奸(간): 모색하다.
110) 卒伍(졸오): 군인.
111) 射(사): 활을 쏘는 법. 御(어): 수레를 몰다.
112) 別(별): 區別(구별). 行同能偶(행동능우): 품행과 재능이 상당하다.
113) 寓(우): 기탁하다. 포함하다.
114) 弧矢(호시) 구절은《周禮·夏官司馬》에서 인용. 弧矢(호시): 화살.

旣朝夕從事於此而能者衆, 則邊疆、宿衛之任, 皆可以擇而取也. 夫士嘗學先王之道, 其行義嘗見推於鄕黨矣, 然後因其才而託之以邊疆、宿衛之事. 此古之人君, 所以推干戈以屬之人115), 而無內外之虞也116). 今乃以夫天下之重任117), 人主所當至愼之選, 推而屬之姦悍無賴, 才行不足自託於鄕里之人. 此方今所以諰諰然常抱邊疆之憂, 而虞宿衛之不足恃以爲安也. 今孰不知邊疆、宿衛之士不足恃以爲安哉? 顧以爲天下學士以執兵爲恥, 而亦未有能騎射行陣之事者, 則非召募之卒伍, 孰能任其事者乎? 夫不嚴其敎, 高其選, 則士之以執兵爲恥118), 而未嘗有能騎射行陣之事, 固其理也. 凡此皆敎之非其道故也.

方今制祿119), 大抵皆薄. 自非朝廷侍從之列120), 食口稍衆, 未有不兼農商之利而能充其養者也. 其

---

115) 干戈(간과): 兵權(병권).
116) 虞(우): 우려.
117) 夫(부): 지시대명사로 그것.
118) 執兵(집병): 兵器(병기)를 들다.
119) 制祿(제녹): 규정한 봉록. 制(제): 정하다.
120) 朝庭侍從(조정시종): 조정에서 근무하는 고위관리.

下州縣之吏, 一月所得, 多者錢八九千, 少者四五千, 以守選、待除、守闕通之[121], 蓋六七年而後得三年之祿, 計一月所得, 乃實不能四五千, 少者乃實不能及三四千而已. 雖廝養之給[122], 亦窘於此矣. 而其養生、喪死、婚姻、葬送之事, 皆當於此. 夫出中人之上者[123], 雖窮而不失爲君子; 出中人之下者, 雖泰而不失爲小人. 唯中人不然, 窮則爲小人, 泰則爲君子[124]. 計天下之士, 出中人之上下者, 千百而無十一, 窮而爲小人, 泰而爲君子者, 則天下皆是也. 先王以爲衆不可以力勝也, 故制行不以己[125], 而以中人爲制, 所以因其欲而利道之, 以爲中人之所能守, 則其志可以行乎天下, 而推之後世. 以今之制祿, 而欲士之無毁廉恥, 蓋中人之所不能也. 故今官大者, 往往交賂遺[126], 營資産[127], 以負貪汚之毁;

---

121) 守選(수선): 조정의 임명을 기다리다. 待除(대제): 예전 관직을 제거하고 새로운 직을 임명하다. 守闕(수궐): 후보. 通之(통지): 종합적으로 계산하다.

122) 廝養(시양): 하급 관리.

123) 中人(중인): 덕행이 중간인 사람. 왕안석은 孔子(공자)의 "惟上知與下愚不移"《論語·陽貨》의 관점을 답습하였다.

124) 泰(태): 安(안), 생활이 안정되다.

125) 制(제): 제정하다.

126) 交賂遺(교뇌유): 서로 사리를 꾀하고 부정한 일을 저지르다. 賂遺

官小者, 販鬻、乞丐[128], 無所不爲. 夫士已嘗毁廉恥以負累於世矣[129], 則其偸惰取容之意起, 而矜奮自强之心息[130], 則職業安得而不弛, 治道何從而興乎? 又況委法受賂、侵牟百姓者[131], 往往而是也. 此所謂不能饒之以財也.

婚喪、奉養、服食、器用之物, 皆無制度以爲之節, 而天下以奢爲榮, 以儉爲恥. 苟其財之可以具, 則無所爲而不得, 有司旣不禁, 而人又以此爲榮, 苟其財不足, 而不能自稱於流俗, 則其婚喪之際, 往往得罪於族人親姻, 而人以爲恥矣. 故富者貪而不知止, 貧者則强勉其不足以追之. 此士之所以重困[132], 而廉恥之心毁也. 凡此所謂不能約之以禮也.

方今陛下躬行儉約[133], 以率天下[134], 此左右通

(뇌유): 뇌물을 주거나 받다.

127) 營資産(영자산): 재산만을 꾀하다.

128) 販鬻(판육): 장사하다. 鬻(육): 팔다. 乞丐(걸개): 공개적으로 사기 쳐서 빼앗다. 乞(걸): 구걸하다. 丐(개): 무리하게 요구하다.

129) 負累(부누): 악명을 뒤집어쓰다.

130) 矜奮(긍분): 성실하게 분발 노력하다.

131) 委法(위법): 법을 지키지 않다. 侵牟(침모): 侵奪(침탈)하다. 牟(모): 빼앗다.

132) 重困(중곤): 어려움이 겹치다.

133) 躬行(궁행): 몸소 실행하다.

134) 率(솔): 모범, 귀감.

貴之臣所親見. 然而其閨門之內[135], 奢靡無節, 犯上之所惡, 以傷天下之敎者[136], 有已甚者矣. 未聞朝廷有所放絀[137], 以示天下. 昔周之人, 拘羣飮而被之以殺刑者, 以爲酒之末流生害[138], 有至於死者衆矣, 故重禁其禍之所自生. 重禁禍之所自生, 故其施刑極省, 而人之抵於禍敗者少矣. 今朝廷之法所尤重者, 獨貪吏耳. 重禁貪吏, 而輕奢靡之法, 此所謂禁其末而弛其本. 然而世之識者, 以爲方今官冗[139], 而縣官財用已不足以供之[140], 其亦蔽於理矣[141]. 今之入官誠冗矣, 然而前世置員蓋甚少, 而賦祿又如此之薄, 則財用之所不足, 蓋亦有說矣. 吏祿豈足計哉? 臣於財利固未嘗學, 然竊觀前世治財之大略矣. 蓋因天下之力, 以生天下之財; 取天下之財, 以供天下之費. 自古治世, 未嘗以不足爲天下之公患也. 患在治財無其道耳. 今天下不見兵革之具, 而元元

135) 閨門(규문): 내실의 문. 여기서는 고관과 귀족의 집.
136) 傷(상): 위반하다.
137) 放絀(방출): 放逐(방축)하다. 여기서는 일반적인 처벌을 뜻함.
138) 末流(말류): 하류. 여기서는 사물의 발전상태.
139) 冗(용): 쓸모없다.
140) 縣官(현관): 조정.
141) 蔽於理(폐어이): 도리가 통하지 않다. 蔽(폐): 막히다.

安土樂業[142], 人致己力, 以生天下之財. 然而公私常以困窮爲患者, 殆以理財未得其道[143], 而有司不能度世之宜而通其變耳. 誠能理財以其道, 而通其變, 臣雖愚, 固知增吏祿不足以傷經費也. 方今法嚴令具, 所以羅天下之士, 可謂密矣. 然而亦嘗敎之以道藝, 而有不帥敎之刑以待之乎? 亦嘗約之以制度, 而有不循理之刑以待之乎? 亦嘗任之以職事, 而有不任事之刑以待之乎? 夫不先敎之以道藝, 誠不可以誅其不帥敎; 不先約之以制度, 誠不可以誅其不循禮; 不先任之以職事, 誠不可以誅其不任事. 此三者, 先王之法所尤急也. 今皆不可得誅, 而薄物細故[144], 非害治之急者, 爲之法禁, 月異而歲不同, 爲吏者至於不可勝記, 又況能一二避之而無犯者乎? 此法令所以玩而不行, 小人有幸而免者, 君子有不幸而及者焉. 此所謂不能裁之以刑也. 凡此皆治之非其道也.

方今取士, 强記博誦而略通於文辭, 謂之茂才

142) 元元(원원): 백성.

143) 殆(태): 아마도.

144) 薄物細故(박물세고): 세세한 사정과 경미한 과실.

異等、賢良方正. 茂才異等、賢良方正者[145], 公卿之選也. 記不必强, 誦不必博, 略通於文辭, 而又嘗學詩賦, 則謂之進士. 進士之高者, 亦公卿之選也. 夫此二科所得之技能, 不足以爲公卿, 不待論而後可知. 而世之議者, 乃以爲吾常以此取天下之士, 而才之可以爲公卿者, 常出於此, 不必法古之取人而後得士也. 其亦蔽於理矣. 先王之時, 盡所以取人之道, 猶懼賢者之難進, 而不肖者之雜於其間也. 今悉廢先王所以取士之道, 而敺天下之才士, 悉使爲賢良、進士, 則士之才可以爲公卿者, 固宜爲賢良、進士, 而賢良、進士亦固宜有時而得才之可以爲公卿者也. 然而不肖者, 苟能雕蟲篆刻之學[146], 以此進乎公卿; 才之可以爲公卿者, 困於無補之學, 而以此絀死於巖野, 蓋十八九矣. 夫古之人有天下者, 其所以愼擇者, 公卿而已. 公卿既得其人, 因使推

---

145) 茂才(무재): 수재. 漢(한)나라 光武帝(광무제) 劉秀(유수)를 諱字(휘자)하기 위해 '茂'자로 대신 사용하였음. 賢良方正(현량방정)·進士(진사)·九經(구경)·五經(오경)·學究(학구)·明法(명법)·明經(명경)은 모두 과거시험의 항목.

146) 雕蟲篆刻(조충전각): 揚雄(양웅)《法言》: "雕蟲篆刻, 壯夫不爲" 에서 인용.

其類以聚於朝廷, 則百司庶物, 無不得其人也. 今使不肖之人, 幸而至乎公卿, 因得推其類聚之朝廷, 此朝廷所以多不肖之人, 而雖有賢智, 往往困於無助, 不得行其意也. 且公卿之不肖, 旣推其類以聚於朝廷; 朝廷之不肖, 又推其類以備四方之任使; 四方之任使者, 又各推其不肖以布於州郡. 則雖有同罪擧官之科[147]; 豈足恃哉? 適足以爲不肖者之資而已[148]. 其次九經、五經、學究、明法之科, 朝廷固已嘗患其無用於世, 而稍責之以大義矣. 然大義之所得, 未有以賢於故也. 今朝廷又開明經之選, 以進經術之士. 然明經之所取, 亦記誦而略通於文辭者, 則得之矣. 彼通先王之意, 而可以施於天下國家之用者, 顧未必得與於此選也. 其次則恩澤子弟[149], 庠序不敎之以道藝, 官司不考問其才能, 父兄不保任其行義, 而朝廷輒以官予之, 而任之以事. 武王數紂之罪[150], 則

147) 同罪擧官之科(동죄거관지과): 당시 일종의 법으로 관리가 범죄를 저지르면 그 관직을 추천한 사람도 같이 처벌을 받는다.

148) 資(자): 빙자하다.

149) 恩澤子弟(은택자제): 관직을 세습 받아 특권을 누리는 귀족자제.

150) 武王(무왕): 주나라 무왕으로, 아버지 文王(문왕)의 遺旨(유지)를 받아 무도한 商(상)나라 紂王(주왕)을 토벌하여 상나라를 멸망시키고 주나라를 건립하였다.

曰: "官人以世"[151]. 夫官人以世, 而不計其才行, 此乃紂之所以亂亡之道, 而治世之所無也. 又其次曰流外[152]. 朝廷固已擠之於廉恥之外, 而限其進取之路矣, 顧屬之以州縣之事, 使之臨士民之上, 豈所謂以賢治不肖者乎? 以臣使事之所及, 一路數千里之間, 州縣之吏, 出於流外者. 往往而有, 可屬任以事者, 殆無二三, 而當防閑其姦者[153], 皆是也. 蓋古者有賢不肖之分, 而無流品之別. 故孔子之聖, 而嘗爲季氏吏[154], 蓋雖爲吏, 而亦不害其爲公卿. 及後世有流品之別, 則凡在流外者, 其所成立[155], 固嘗自置於廉恥之外, 而無高人之意矣. 夫以近世風俗之流靡[156], 自雖士大夫之才, 勢足以進取, 而朝廷

---

151) 官人以世(관인이세): 《尙書·泰誓》에서 인용. 官人(관인): 사람을 임용하다. 世(세): 명문자제. 곧 가세에 따라 관직을 수여하다.

152) 流外(유외): 수나라와 당나라 때 관제는 구품으로 나누었는데, 一品(일품)에서 九品(구품)까지를 流內라 하였고, 구품 이하는 流外(유외)라 하였다. 송나라는 이것을 답습하여 監司吏人(감사이인)과 九品(구품) 이외의 관리를 流外人(유외인)이라 하였다.

153) 防閑(방한): 방비하고 금지하다.

154) 季氏(계씨): 춘추시대 魯(노)나라 권문세가로 季孫氏(계손씨)라고도 함. 魯文公(노문공)이후 계씨는 대대로 大夫가 되어 국정을 전횡하였다.

155) 成立(성립): 성취.

156) 流靡(유미): 활기가 없다.

嘗獎之以禮義者, 晚節末路[157], 往往怵而爲姦[158]. 況又其素所成立無高人之意, 而朝廷固已擠之於廉恥之外, 限其進取者乎? 其臨人親職, 放僻邪侈, 固其理也. 至於邊疆、宿衛之選, 則臣固已言其失矣. 凡此皆取之非其道也.

方今取之旣不以其道, 至於任之, 又不問其德之所宜, 而問其出身之後先[159]; 不論其才之稱否, 而論其歷任之多少. 以文學進者, 且使之治財. 已使之治財矣, 又轉而使之典獄[160]. 已使之典獄矣, 又轉而使之治禮. 是則一人之身, 而責之以百官之所能備, 宜其人才之難爲也. 夫責人以其所難爲, 則人之能爲者少矣. 人之能爲者少, 則相率而不爲[161]. 故使之典禮, 未嘗以不知禮爲憂, 以今之典禮者未嘗學禮故也. 使之典獄, 未嘗以不知獄爲恥, 以今之典獄者未嘗學獄故也. 天下之人, 亦已漸漬於失敎[162],

---

157) 晚節(만절): 만년. 末路(말로): 장차 죽음에 이를 때.
158) 怵(출): 유혹하다.
159) 出身(출신): 관리의 최초 이력.
160) 典獄(전옥): 감옥과 소송을 주관하다.
161) 相率(상솔): 서로 그대로 하다. 따르다.
162) 漬(지): 습관이 되다. 失敎(실교): 교육이 없다.

被服於成俗, 見朝廷有所任使, 非其資序, 則相議而訕之163). 至於任使之不當其才, 未嘗有非之者也. 且在位者數徙164), 則不得久於其官, 故上不能狃習而知其事, 下不肯服馴而安其教; 賢者則其功不可以及於成, 不肖者則其罪不可以至於著. 若夫迎新將故之勞, 緣絶簿書之弊165), 固其害之小者, 不足悉數也. 設官大抵皆當久於其任, 而至於所部者遠, 所任者重, 則尤宜久於其官, 而後可以責其有爲. 而方今尤不得久於其官, 往往數日輒遷之矣.

取之既已不詳, 使之既已不當, 處之既以不久, 至於任之則又不專, 而又一二以法束縛之, 不得行其意. 臣固知當今在位多非其人, 稍假借之權, 而不一二以法束縛之, 則放恣而無不爲. 雖然, 在位非其人, 而恃法以爲治, 自古及今, 未有能治者也. 即使在位皆得其人矣, 而一二以法束縛之, 不使之得行其意, 亦自古及今, 未有能治者也. 夫取之既已不詳, 使之既已不當, 處之既已不久, 任之又不專,

163) 訕(산): 비방하다.
164) 徙(사): 인사 이동하다.
165) 緣絶簿書(연절부서): 문서를 인계하다.

而一二之以法束縛之, 故雖賢者在位, 能者在職, 與不肖而無能者, 殆無以異. 夫如此, 故朝廷明知其賢能足以任事, 苟非其資序, 則不以任事而輒進之. 雖進之, 士猶不服也. 明知其無能而不肖, 苟非有罪, 爲在事者所劾166), 不敢以其不勝任而輒退之. 雖退之, 士猶不服也. 彼誠不肖無能, 然而士不服者, 何也? 以所謂賢能者任其事, 與不肖而無能者, 亦無以異故也. 臣前以謂不能任人以職事, 而無不任事之刑以待之者, 蓋謂此也.

夫敎之、養之、取之、任之, 有一非其道, 則足以敗天下之人才, 又況兼此四者而有之? 則在位不才、苟簡、貪鄙之人, 至於不可勝數, 而草野閭巷之間, 亦少可任之才, 固不足怪.《詩》曰: "國雖靡止, 或聖或否. 民雖靡膴, 或哲或謀, 或肅或艾. 如彼泉流, 無淪胥之敗167)" 此之謂也.

夫在位之人才不足矣, 而閭巷草野之間, 亦少

166) 劾(핵): 죄상을 캐묻다. 탄핵하다.

167) 國雖靡止(국수미지):《詩經·小雅·小旻》에서 인용. 靡(미): 不(불). 止(지): 至(지), 大(대). 否(부): 저속하다. 膴(무): 多. 哲(철): 총명. 肅(숙): 장중하다. 艾(애): 유능하고 노련하다. 無(무): 발어사로 뜻이 없음. 淪胥(윤서): 잇따르다. 敗(패): 국가가 망하다.

可用之才, 則豈特行先王之政而不得也? 社稷之託, 封疆之守, 陛下其能久以天幸爲常, 而無一旦之憂乎? 蓋漢之張角[168], 三十六萬同日而起, 所在郡國莫能發其謀; 唐之黃巢[169], 橫行天下, 而所至將吏無敢與之抗者. 漢、唐之所以亡, 禍自此始. 唐旣亡矣, 陵夷以至五代[170], 而武夫用事, 賢者伏匿消沮而不見[171], 在位無復有知君臣之義、上下之禮者也. 當是之時, 變置社稷[172], 蓋甚於奕碁之易[173], 而元元肝腦塗地[174], 幸而不轉死於溝壑者無幾耳[175]! 夫人才不足, 其患蓋如此. 而方今公卿大夫, 莫肯爲陛下長慮後顧, 爲宗廟萬世計, 臣竊惑之. 昔晉武

168) 張角(장각): 동한 말 黃巾(황건)(284-207) 의 난 때 군 지휘관으로, 36개 군사대열로 조직하였다. 본문의 "36만"은 淸나라 沈欽韓(심흠한) 《王荊公文集注》에 근거하여 고친 것이다.

169) 黃巢(황소): 당나라 말에 농민반란(874-883)을 일으킨 인물로, 황소의 난은 10 여 년간 계속되어 당 왕조를 유명무실한 존재로 전락시켰다.

170) 陵夷(능이): 점점 몰락하다. 陵(능): 큰 언덕. 夷(이): 평지. 五代(오대): 당나라가 멸망한 후 송나라가 중국을 통일하기 까지 약 반세기 동안 중원지역에서는 後梁(후양) · 後唐(후당) · 後晋(후진) · 後漢(후한) · 後周(후주) 다섯 왕조가 교체되면서 이어졌다.

171) 伏匿消沮(복닉소저): 도망쳐 숨고 기가 꺾이다.

172) 變置社稷(변치사직): 조대가 바뀌다. 세상이 바뀌다.

173) 奕(혁): 바둑을 두다.

174) 肝腦塗地(간뇌도지): 참혹하게 죽다.

175) 轉死(전사): 시체가 방치되어 이리저리 옮겨 다니다. 溝壑(구학): 산골짜기.

帝趣過目前[176], 而不爲子孫長遠之謀. 當時在位, 亦皆偸合苟容, 而風俗蕩然, 棄禮儀, 捐法制, 上下同失, 莫以爲非, 有識固知其將必亂矣. 而其後果海內大擾, 中國列於夷狄者二百餘年[177]. 伏惟三廟祖宗神靈所以付屬陛下[178], 固將爲萬世血食[179], 而大庇元元於無窮也. 臣顧陛下鑒漢、唐、五代之所以亂亡, 懲晉武苟且因循之禍, 明詔大臣, 思所以陶成天下之才. 慮之以謀[180], 計之以數[181], 爲之以漸[182], 期爲合於當世之變, 而無負於先王之意, 則天下之

---

176) 晉武帝(진무제): 司馬炎(사마염)(236-290)으로 晉(진)나라를 건립하고 265년에서 290년까지 재위하였다. 재위 시 문벌제도를 강화하고 종실을 봉쇄하여 황실 내 분열이 싹트기 시작하였고 방탕한 생활을 하였다. 사후 전국이 또 분열과 혼란의 국면에 빠졌다. 趣過目前(취과목전): 되는대로 살아가다. 趣(취): 趨(추).

177) 中國列於夷狄者二百餘年(중국열어이적자이백여년): 晉(진) 惠帝(혜제) 永興(영흥) 元年(원년)(304) 흉노족 劉淵(유연)이 漢王(한왕)이라 칭하면서 16국의 난이 시작되어, 남북조가 분열되었다. 楊堅(양견)이 581년 수나라를 건국 통일하여 막을 내렸는데 268 년간 지속되었다. 列(열): 裂(열)

178) 三廟祖宗(삼묘조종): 송나라 초기의 3명의 황제로 宋太祖·宋太宗·宋眞宗이다. 廟(묘): 종묘.

179) 血食(혈식): 제사에 소·양 등을 제사용품으로 사용하였기에 제사를 “血食”이라고 칭한다.

180) 慮(려): 고려하다. 謀(모): 사전에 꾀하다. 之(지): 대명사로 곧 인재를 육성하는 일.

181) 計(계): 계획하다. 數(수): 속셈이 있다.

182) 爲(위): 진행하다.

人才不勝用矣. 人才不勝用, 則陛下何求而不得, 何欲而不成哉?

夫慮之以謀, 計之以數, 爲之以漸, 則成天下之才甚易也. 臣始讀《孟子》, 見孟子言王政之易行[183], 心則以爲誠然. 及見與愼子論齊、魯之地[184], 以爲先王之制國, 大抵不過百里者, 以爲今有王者起, 則凡諸侯之地, 或千里, 或五百里, 皆將損之至於數十百里而後止. 於是疑孟子雖賢, 其仁智足以一天下, 亦安能毋劫之以兵革[185], 而使數百千里之强國, 一旦肯損其地之十八九, 比於先王之諸侯? 至其後, 觀漢武帝用主父偃之策[186], 令諸侯王地悉得推恩封

183) 孟子言王政之易行(맹자언왕정지이행):《孟子·梁惠王下》: "齊宣王問毁明堂"과《孟子·公孫丑》: "公孫丑問夫子當路於齊"에서 볼 수 있다.

184) 愼子(신자): 愼到(신도)로 전국시대 趙(조)나라 사람. '重勢'를 주장하여, 군주의 권세로 군사와 정치의 모든 실권을 장악해야만 나라를 강력하게 통치할 수 있다고 하였다. 법가의 韓非子(한비자)가 그의 이론을 흡수 발전시켰다. 與愼子論齊、魯之地(여신자논제·노지지):《孟子·告子下》: "魯欲使愼子爲將軍. 孟子曰: '一戰勝齊, 遂有南陽, 然且不可. 周公之封於魯, 爲方百里也; 太公之封於齊, 亦爲方百里也. 今魯方百里者五, 子以爲有王者作, 則魯在所損乎, 在所益乎?' "

185) 毋(무): …말라. 兵革(병혁): 전쟁.

186) 漢武帝(한무제): 劉撤(유철)로 BC.140-BC.87년까지 재위. 主父偃(주부언): 山東(산동) 淄博(치박)사람으로 한무제 때 中大夫(중대부)로 임명되어 제후세력을 약화시키는 "推恩法"(추은법)을 제출하였다.

其子弟[187], 而漢親臨定其號名, 輒別屬漢. 於是諸侯王之子弟, 各有分土, 而勢强地大者, 卒以分析弱小[188]. 然後知慮之以謀, 計之以數, 爲之以漸, 則大者固可使小, 强者固可使弱, 而不至乎傾駭變亂敗傷之釁[189]. 孟子之言不爲過. 又況今欲改易更革, 其勢非若孟子所爲之難也. 臣故曰: 慮之以謀, 計之以數, 爲之以漸, 則其爲甚易也.

然先王之爲天下, 不患人之不爲, 而患人之不能; 不患人之不能, 而患己之不勉. 何謂不患人之不爲, 而患人之不能? 人之情所願得者. 善行、美名、尊爵、厚利也, 而先王能操之以臨天下之士[190]. 天下之士, 有能尊之以治者, 則悉以其所願得者以與之. 士不能則已矣, 苟能, 則孰肯舍其所願得, 而不自勉以爲才? 故曰: 不患人之不爲, 患人之不能. 何謂不患人之不能, 而患己之不勉? 先王之法, 所以待

이는 제후가 소유한 封地(봉지)를 자기의 아들에게 분할하여 제후의 領地(영지)와 실권이 감소되고 중앙집권을 강화하는데 유리한 법이었다.

187) 推恩(추은): 다른 사람에게 은혜를 베풀다.

188) 卒(졸): 마침내. 分析(분석): 토지를 分封(분봉)하다.

189) 釁(흔): 싸움의 발단.

190) 臨(임): 제어하다.

人者盡矣. 自非下愚不可移之才, 未有不能赴者也. 然而不謀之以至誠惻怛之心, 力行而先之, 未有能以至誠惻怛之心, 力行而應之者也. 故曰: 不患人之不能, 而患己之不勉. 陛下誠有意乎成天下之才[191], 則臣願陛下勉之而已.

臣又觀朝廷異時欲有所施爲變革, 其始計利害, 未嘗熟也[192], 顧有一流俗僥倖之人不悅而非之, 則遂止而不敢. 夫法度立, 則人無獨蒙其幸者. 故先王之政, 雖足以利天下, 而當其承弊壞之後, 僥倖之時, 其創法入制, 未嘗不艱難也. 使其創法立制, 而天下僥倖之人亦順說以趨之[193], 無有齟齬[194], 則先王之法, 至今存而不廢矣. 惟其創法立制之艱難, 而僥倖之人不肯順悅而趨之, 故古之人欲有所爲, 未嘗不先之以征誅, 而後得其意.《詩》曰: "是伐是肆, 是絶是忽, 四方以無拂[195]." 此言文王先征誅, 而後

---

191) 乎(호): 於, …에서.

192) 熟(숙): 성숙하다.

193) 順說(순열): 순종하다. 說(열): 悅(열).

194) 齟齬(저어): 아랫니와 윗니가 서로 어긋나 맞지 않다. 의견이 일치하지 않다.

195) 是伐是肆(시벌시사):《詩經·大雅·皇矣》에서 인용. 伐(벌): 정벌하다. 肆(사): 공격하다. 絶(절): 멸종하다. 忽(홀): 소멸하다. 拂(불):

得意於天下也. 夫先王欲立法度, 以變衰壞之俗而成人之才, 雖有征誅之難, 猶忍而爲之, 以爲不若是, 不可以有爲也. 及至孔子, 以匹夫遊諸侯, 所至則使其君臣捐所習, 逆所順, 强所劣, 憧憧如也[196], 卒困於排逐, 然孔子亦終不爲之變, 以爲不如是, 不可以有爲. 此其所守, 蓋與文王同意. 夫在上之聖人莫如文王, 在下之聖人莫如孔子, 而欲有所施爲變革, 則其事蓋如此矣. 今有天下之勢, 居先王之位, 創立法制, 非有征誅之難也. 雖有僥倖之人不悅而非之, 固不勝天下順悅之人衆也. 然而一有流俗僥倖不悅之言, 則遂止而不敢爲者, 惑也. 陛下誠有意乎成天下之才, 則臣又願斷之而已.

夫慮之以謀, 計之以數, 爲之以漸, 而又勉之以成, 斷之以果, 然而猶不能成天下之才, 則以臣所聞, 蓋未有也.

然臣之所稱, 流俗之所不講, 而今之議者以謂迂闊而熟爛者也[197]. 竊觀近世士大夫所欲悉心力耳

거역하다.

196) 憧憧如(동동여): 왕래가 끊이지 않는 모양.

197) 迂闊而熟爛者(우활이숙란자): 현실을 떠난 케케묵은 소리. 迂闊(우

目以補助朝廷者有矣. 彼其意, 非一切利害, 則以爲當世所不能行者. 士大夫旣以此希世[198], 而朝廷所取於天下之士, 亦不過如此. 至於大倫大法, 禮義之際, 先王之所力學而守者, 蓋不及也. 一有及此, 則羣聚而笑之, 以爲迂闊. 今朝廷悉心於一切之利害, 有司法令於刀筆之間[199], 非一日也. 然其效可觀矣. 則夫所謂迂闊而熟爛者, 惟陛下亦可以少留神而察之矣. 昔唐太宗貞觀之初[200], 人人異論, 如封德彝之徒[201], 皆以爲非雜用秦、漢之政, 不足以爲天下. 能思先王之事, 開太宗者, 魏文貞公一人爾[202]. 其所施設, 雖未能盡當先王之意, 抑其大略, 可謂合矣. 故能以數年之間, 而天下幾致刑措[203], 中

활): 현실에 부합되지 않다.

198) 希世(희세): 세속에 영합하다.

199) 刀筆(도필): 고대에 종이 발명 이전 죽간에 글을 쓸 때, 대나무 조각에 잘못 새긴 글자를 파내는 것. 여기서는 문서.

200) 唐太宗(당태종): 李世民(이세민)(599-649)으로, 당나라 2대 왕. 貞觀(정관)은 그의 年號(연호)(627-649).

201) 封德彝(봉덕이): 당나라 河北省(하북성) 景縣(경현) 사람으로 이름은 倫(윤). 당태종 때 尙書右僕射(상서우복야)를 역임하였다.

202) 魏文貞公(위문정공): 魏徵(위징)으로, 당태종 때 諫議大夫(간의대부)를 역임하였다. 태종에게 직언을 하는 충직한 신하로 200 회가 넘는 간언을 올렸다. 文貞(문정)은 그의 諡號(시호)이다.

203) 刑措(형조): 太平盛世(태평성세)로 범법자가 없고, 형법을 쓰지 않고 그대로 두다.

國安寧, 蠻夷順服, 自三王以來, 未有如此盛時也. 唐太宗之初, 天下之俗, 猶今之世也. 魏文貞公之言, 固當時所謂迂闊而熟爛者也, 然其效如此. 賈誼曰: "今或言德教之不如法令, 胡不引商、周、秦、漢以觀之[204]?" 然則唐太宗之事, 亦足以觀矣.

臣幸以職事歸報陛下, 不自知其駑下無以稱職[205], 而敢及國家之大體者, 以臣蒙陛下任使, 以當歸報. 竊謂在位之人才不足, 而無以稱朝廷任使之意, 而朝廷所以任使天下之士者, 或非其理, 而士不得盡其才, 此亦臣使事之所及, 而陛下之所宜先聞者也. 釋此一言[206], 而毛擧利害之一二[207], 以汚陛下之聰明, 而終無補於世, 則非臣所以事陛下惓惓之義也[208]. 伏惟陛下詳思而擇其中, 天下幸甚!

---

204) 賈誼(가의): 서한의 정치가이면서 문학가로 대표작은 〈過秦論〉이 있다. 《漢書·賈誼傳》: "(賈誼)上疏陳政事曰: '今或言禮誼之不如法令, 敎化之不如刑罰, 人主胡不引殷、周、秦事以觀之也?' " 인용문과 원문이 약간 다르다.

205) 駑下(노하): 재능이 떨어지다. 駑(노): 둔한 말.

206) 釋(석): 내버려두다.

207) 毛擧(모거): 대강 열거하다.

208) 惓惓(권권): 간절한 모양.

◈ 상인종황제언사서 번역

저는 어리석고 못난 사람인데도 황은을 입어 한 江南東路(강남동로)의 직책에 충당되었다가, 지금 다시 은혜를 입어 조정에 소환되어 임용되었습니다. 당연히 외부에서 맡았던 일에 대하여 폐하께 보고를 드려야 합니다. 그러나 능력도 정확히 알지 못하고 직무를 담당하기에 부족합니다. 또 감히 담당하였던 직무를 근거로 외람되게 천하의 일에 대하여 말씀 올리니, 폐하께서는 상세하게 고려하셔서 그 중에 취할 만 한 것을 선택해주신다면 매우 다행이겠습니다.

제가 삼가 관찰하건대 폐하께서는 공손 검소한 덕이 있으시고, 총명하고 지혜로운 재질이 있으시며, 아침 일찍 일어나서 늦게 주무시며 하루도 게으르게 보내시지 않습니다. 음악, 여색, 애완물, 유람, 기호 등에 추호의 탐닉하심도 없으시며, 백성에게 인자하고 만물을 사랑하시는 마음으로 천하의 신뢰를 받으십니다. 또 천하의 신임을 얻은 사람을 공정하게 선발하여 재상과 대신으로 삼으십니다. 그들에게 국가대사를 부탁하면 거짓말하거나 간사하고 권세에 붙어 이익을 취하는 신하 때문에 흔들리는 일이 없으십니다. 이것은 비록 二帝(이제) 三王(삼왕)께서 마음을 쓰셨더라도 이보다 더하지는 않을 따름입니다. 이것으로 마땅히 집집마다 풍족해지고 사람마다 넉넉해져서 천하가 크게 잘 다스려져야 합니다.

그런데도 효과가 이에 이르지 않으니, 돌이켜 보건대 안으로는 국가를 위해 걱정하지 않을 수 없고, 밖으로는 오랑캐들의 침입에 두렵다 하지 않을 수 없습니다. 천하의 경제는 날로 곤궁해지고 풍속은 날로 피폐해지며, 사방의 뜻있는 선비들은 천하가 오랫동안 평안하지 않음을 근심하며 불안해하고 있습니다. 이것이 무엇 때문입니까? 문제는 법도를 알지 못하는데 까닭이 있습니다. 지금의 조정은 법이 엄격하게 시행되고 政令(정령)이 잘 구비되어 있어 갖추지 않은 것이 없는데도 신이 법도가 없다고 이르는 것은 무엇 때문입니까? 지금의 법도는 옛 선왕들이 행한 정사와 많이 부합되지 않습니다. 맹자가 "임금이 어진 마음과 어진 명성을 가지고 있는데도 은혜가 백성들에게 고루 미치지 않는 것은 나라를 다스리는데 선왕의 도를 본받지 않았기 때문이다."라고 하였습니다. 맹자의 말로 지금의 실수를 살펴본다면 원인은 바로 여기에 있는 것 입니다. 지금의 시대는 고대 선왕의 시대와 멀리 떨어져 있고, 경험한 변화와 당면한 형세가 같지 않습니다. 사안에 직면할 때마다 선왕의 정사를 일일이 적용하려는 것은 비록 매우 어리석은 사람이라도 그것이 곤란한 일임을 알고 있습니다. 그런데도 신이 지금의 과실이 선왕의 정사를 본받지 않는데 있다고 하는 것은 마땅히 그 治國(치국)의 기본 정신을 본받아야하기 때문입니다. 二帝와 三王은 대체로 천 여 년 씩 멀리 떨어져 있고 한때는 잘 다스려지고 한때는 어지러워져서 흥망과 성쇠의 때가 있었습니다. 그들이 경험한 변화와 당면한 형세가 각각 다르고 그에 대처한 방법도 모두 다르지만, 그들이 천하 국가를 다스린 기본 정신은 本末(본말)과 先後 (선후)에 있어 일찍이 같지 않음이 없었습니다. 그 때문에 臣이 "마땅히 그 정신을 본받아야 합니다." 라고 말씀드리는 것입니다. 그 정신을 본받는다면 우리가 개혁하려는 것이 천하 사람의 의론으로 시끄럽게 떠들게 되지 않을 것이고 실제로 이미 고대 선왕의 정치와 부합되어 있습니다.

비록 이러하지만 지금의 형세로 그것을 헤아려 보면, 폐하께서 천하의 일을 새롭게 개혁하고자 하여 그것이 선왕들의 뜻과 합치된다 해도 그 형세는 반드시 이루어질 수 없습니다. 폐하께서는 공손하고 검소한 덕을 지니시고 총명하고 지혜로운 재질과 백성들에게 인자하고 만물을 사랑하는 뜻을 가지고 계십니다. 만약 심혈을 기울여 개혁을 하신다면, 어떤 일도 이룰 수 없고 어떤 요구도 얻을 수 없겠습니까? 그러나 신은 오히려 폐하께서 비록 천하의 일을 개혁하여 선왕의 뜻에 부합하는 일을 하시려는 뜻을 가지셨는데도 지금의 형세에서 할 수 없다고 여기는 것은 무엇 때문입니까? 바로 지금의 천하에는 인재가 부족하기 때문입니다.

신이 일찍이 사사로이 전국에 관직을 하고 있는 사람들을 관찰해보니, 여태껏 현재 보다 인재가 더 모자람이 없다고 느낍니다. 윗자리에 인재가 모자라면, 산림에서 매몰되고 숨겨져 있어 당시에 알려지지 않은 것 입니다. 신은 또한 이들을 민간에서 찾는다 해도 많은 이를 찾지는 못할 것이라고 봅니다. 어찌 그 인재를 배양하고 등용하는 방법이 적합하지 않아 그렇게 된 것이 아니겠습니까? 신이 현재 벼슬자리에 인재가 부족하다고 여기는 것은 신이 담당했던 일을 근거로 알 수 있습니다. 지금 모두 一路(일로) 수천 리에서 조정의 법령을 실천하면서 천천히 하고 빨리 해야 하는 것을 알아서 그에 맞게 시행할 줄 알고 모든 일에 백성들을 제대로 부려서 그 직분을 제대로 수행할 수 있는 사람은 매우 적습니다. 그러나 능력이 없고 일을 소홀히 처리하며 탐닉하고 비루한 사람은 헤아릴 수도 없습니다. 그러나 선왕들의 뜻을 강구하여 당시 형세변화에 적합한 사람은 온 郡에서 왕왕 한 사람도 없습니다. 조정에서 政令(정령)을 하달할 때 마다 그 뜻이 비록 좋아도 재직한 관리가 이를 널리 실천하여 은혜가 백성들에게 미치게 할 능력은 없고 관리들이 이를 기화로 간악한 것을 행하여 백성들을 동요시키기만 합니다. 그 때문에 신이 "벼슬자리에 인재가 부족하고 민간에서도 많은 이를 찾을 수 없다." 라고 한 것입니다. 인재가 부족하면, 폐하께서 비록 천하의 일을 개혁하여 선왕의 뜻에 부합되게 하려 하시고, 대신들이 비록 폐하의 뜻을 감당할 능력이 있어서 이를 영도하려 합니다. 그러나 전국이 크고 천하는 멀리까지 펼쳐져 있으니, 누가 능히 폐하의 뜻에 부합하도록 이를 일일이 실천해서 사람마다 그 혜택을 입게 할 수 있겠습니까? 신은 그러므로 현재의 형세에서는 반드시 할 수 없다고 말하는 것입니다. 《孟子》에 "법만으로는 저절로 시행될 수 없다." 하였으니, 바로 이 도리를 말하는 것이 아니겠습니까? 그러므로 현재의 급선무는 인재를 얻는데 있을 뿐입니다. 진실로 천하의 인재가 많은 후에야 직위에 있는 인재들 중에서 적임자를 택하고 뽑으면 족할 것 입니다. 관직에 있는 자를 재능 있는 사람으로 채운 후에 좀 그 시세의 성숙여부를 살피고 사람들의 걱정과 괴로움에 근거하여 천하의 그릇된 법을 바꾸고 바로잡는다면, 선왕의 뜻에 따르는 일이 매우 쉬울 것 입니다. 지금의 천하는 옛 선왕들이 다스렸던 천하와 같은데, 선왕의 시대에는 인재가 매우 많았고 왜 현재에 이르러서는 유독 부족합니까? 그러므로 인재를 배양하고 육성하는 방법이 적합하지 않기 때문이라고 말하는 것입니다.

상나라 말년에 천하는 큰 혼란을 겪었습니다. 벼슬자리에 있는 이들이 탐욕스럽고 잔혹하였는데 모두 적임자가 아니었기 때문입니다. 文王이 흥기함에 이르러 천하의 인재가 아직 드물었습니다. 그 때 문왕은 천하의 선비들을 잘 육성하여 그들에게 모두 사대부의 능력을 갖게 하였고, 그런 후에 그들의 능력에 따라 관직을 임명하여 파견하였습니다. 《詩經》에 "의식이 깨어 있는 온화한 군자(문왕을 지칭)여, 어찌 인재를 기르지 않으리오." 한 것이 이를 이르는 것입니다. 인재육성이 성공하자 미천한 토끼사냥꾼 조차 모두 도덕수양을 숭상하지 않은 이가 없었다고 하니 《詩經·兎罝》는 이를 읊은 것입니다. 하물며 벼슬자리에 있는 사람이야 더 말할 것이 있겠습니까? 문왕이 오직 이런 인재에 의지할 수 있기 때문에 출정하면 이겼고 수호하면 잘 다스려졌습니다. 《詩經》에 "제기를 받들고 장엄하게 늘어서 있으니, 뛰어난 선비들이 적합한 자리를 얻은 것이로다." 하였다. 또 "周王(주왕)이 원정을 나가니 六軍(육군)이 그를 따라 출정하였다." 하였으니, 이는 문왕이 등용한 문관이나 무관이 각기 그 재능 있는 사람이어서 하시는 일에 실패가 없었음을 말하는 것입니다. 夷王(이왕)과 厲王(여왕) 때에 이르러 천하가 혼란한 것은 천하의 인재가 또 줄었기 때문이었습니다. 宣王(선왕)이 흥기했을 때 천하의 일을 함께 도모한 사람은 오직 仲山甫(중산보) 뿐이었습니다. 그러므로 시인이 탄식하기를 "덕행이 털처럼 가벼운 사람 중에 오직 도덕 수양이 잘된 중산보 만을 등용하니, 그를 도울 사람이 없어 애석하다."고 한 것입니다. 이는 인재가 적어서 중산보가 황제를 도울 수 없음을 근심하고 슬퍼한 것입니다. 그러나 선왕이 중산보를 등용할 수 있어서 그의 요구대로 천하에 선비들을 새롭게 배양했습니다. 그런 후에야 인재가 다시 많아지게 되었습니다. 이에 안으로는 정사를 잘 다스리고 밖으로는 순종하지 않는 제후를 토벌하여 문왕·무왕 때의 영토를 수복하였습니다. 그러므로 시인이 찬미하기를 "상추를 뜯네. 개간한 지 2년 된 밭에도 상추가 있고, 1년 된 밭에도 상추가 있네." 라고 하였으니, 선왕이 천하의 선비들을 새로 훌륭하게 배양하여 그들을 쓸 만한 인재로 만든 것입니다. 마치 농부가 그의 밭을 새롭게 개간하여 상추를 채취할 수 있게 한 것과 같습니다. 이로써 보면 사람의 재능은 통치자의 인제양성에 의하여 이루어지지 않는 것이 없다고 하겠습니다.

이른바 인재를 배양하여 육성한다는 것이 무엇입니까? 이는 가르치고, 배양하며 선발하고 임용하는 일에 일정한 방침이 있을 뿐입니다.

이른바 인재를 가르치는 도라는 것은 무엇입니까? 고대의 천자와 제후들은 중앙에서 지방에 이르기까지 모두 학교를 설치하였습니다. 가르치고 인도하는 관직을 광범위하게 설치하여 인선을 엄격하게 하였으며, 조정의 예의, 음악, 형법, 정치 등에 관한 일은 모두 학습의 범위에 속합니다. 선비가 보고 익히는 것은 모두 선왕의 법률, 언어, 도덕, 품행과 천하를 다스리는 뜻에 관한 것 입니다. 그들이 배운 재능도 또한 국가를 다스리는데 쓸모가 있어야 합니다. 만약 국가를 다스리는데 유용할 수 없으면 가르치지를 않았습니다. 만약 국가를 다스리는데 쓸 만한 인물이면 학교에서 양성하지 않는 일이 없었으니, 이것이 교육의 방법입니다.

이른바 인재를 배양하는 도는 무엇이겠습니까? 재물로써 넉넉하게 해 주고, 예로써 사욕을 억제하며, 법으로써 제재하려는 것입니다. 재물을 넉넉하게 한다는 것은 무엇을 이르는 것이겠습니까? 사람의 성정이 재물에 부족함이 있게 되면 탐욕스럽고 비열하며 구차하게 얻고자 하여 못하는 짓이 없게 됩니다. 선왕들이 이와 같은 것을 알고 봉록을 제정하여

서인부터 관리까지 그들의 녹봉이 농사짓는 수입을 대신하기에 충분하게 하였습니다. 이로부터 등급이 올라갈 때마다 번번이 녹봉을 더해 주어, 청렴과 염치의 품덕을 기르고 탐욕스럽고 비열한 행위에서 멀리 떨어지게 하였습니다. 이것으로 또 부족하여 그 봉록의 혜택이 자손에게까지 미치게 규정하였으니, 이를 세습하는 녹, 즉 世祿(세록)이라 합니다. 살아있을 때는 부모, 형제, 처자의 양육과 혼인, 친구를 접대하는 씀씀이에 대하여 모두 유감이 없도록 해주었습니다. 죽게 되어서도 자손들이 못살게 될까 근심하는 일이 없도록 해준 것입니다. 예로써 사욕을 억제하게 한다는 것은 무엇을 이르는 것입니까? 사람의 성정은 재물이 넉넉하다 해도 예로써 절제할 줄을 모르게 되면, 또한 방탕하고 제멋대로 하여 온갖 나쁜 짓을 하지 않는 것이 없게 됩니다. 선왕들이 이와 같은 것을 알았으므로 법도를 제정한 것입니다. 혼인과 장례, 제사와 연회 등의 일, 복식, 식품, 도구는 등급으로써 제한을 가하고 또 통일된 수량과 규정이 있습니다. 그의 등급이 높아도 재력이 구비되지 않으면 그 등급대로 할 수 없습니다. 그의 재력이 구비될 수 있으나 등급규정이 되어있지 않으면 할 수 없고, 사치할 수 없습니다.

법도로써 제재한다는 것은 무엇을 이르는 것입니까? 선왕들은 천하의 선비에 대하여 도덕과 기예를 가르치고, 가르침을 따르지 않으면 그들을 먼 곳으로 몰아내고 죽을 때까지 같은 지위에 있지 않게 하는 방법으로 처리합니다. 예로써 사욕을 억제하고 예를 따르지 않으면 유배나 사형의 방법으로 처리합니다. 〈王制〉에 “법으로 규정해 놓은 복장과 그 색깔을 바꾼 자가 있으면 그 國君(국군)이 이를 유배에 처한다.” 하였고, 〈酒誥〉에는 “布告(포고)에서 이르기를, 무리지어 술 마시시는 사람이 있으면 너희들은 그들을 놓아주지 말고 모두 잡아서 수도로 압송하라. 내가 죽이겠다.” 하였는데, 무리지어 술 마심과 의복제도를 바꾼 것은 작은 죄이고 유배나 사형은 큰 형벌입니다. 작은 죄에 큰 형벌을 가하는 것인데도 선왕들이 이를 무릅쓰고 주저함이 없이 행한 까닭은, 이와 같이 하지 않고서는 천하의 풍속을 통일하여 자신이 국가를 태평하게 다스리는 일을 이룰 수가 없다고 여겼기 때문입니다. 예로써 사욕을 억제하고 법으로 제재하는데도 천하 사람이 복종하고 저촉하는 자가 없게 된 이유가 있습니다. 그것은 禁止令(금지령)이 엄격하고, 관리가 엄밀하다고 할 수 있는 일이 아닙니다. 역시 군주가 지극한 정성과 측은히 여기는 인자한 마음을 가지고 힘써 실천하면서 그들을 이끌어갔기 때문인 것입니다. 군주 주위의 고관과 貴人(귀인)들은 모두 군주가 하고자 하는 일에 순종하여 복무할 것이지만, 한 사람이라도 이를 따르지 않는 이가 있다면 법의 집행은 반드시 여기에서 시작되어야 합니다. 군주가 지성으로 시행하게 되면 귀인들은 군주가 싫어하는 바를 피할 줄 알게 될 것입니다. 그러면 천하가 징벌하지 않아도 범법행위를 하지 않는 자가 많아지게 될 것입니다. 그러므로 이런 방법을 인재 배양의 도라 하는 것입니다.

이른바 인재를 선발하는 도라는 것은 어떤 것이겠습니까? 선왕들이 사람을 선발할 때는 반드시 지방이나 학교에서 많은 사람들이 어질고 유능한 사람을 추천하게 하고, 그들에 대하여 현지 조사하여 상부에 보고하였습니다. 진실로 그 인물의 현명함과 유능함을 확인한 후에 그 덕의 크고 작음과 재능의 높고 낮음에 따라서 그에 알맞은 관직을 주었습니다.

이른바 살펴본다는 것은 오로지 귀와 눈으로 듣고 보는 것에 의지하여 한 개인의 말을 들어주지 않는 것입니다. 그의 덕을 상세히 알아보려 한다면 그의 행실을 따져보아야 합니다. 그의 재능을 상세히 알아보려 한다면 그가 하는 말을 따져보고, 그의 행실과 말이 일치되면 일을 처리하는 능력을 시험해 보아야 합니다. 이른바 살펴본다는 것은 일을 처리하는 능력을 시험해보는 것 입니다. 비록 요임금이 순을 등용한 것이라 해도 이와 같이 한 것일 뿐이니, 하물며 다른 사람에 있어서야 말할 것이 있겠습니까? 광대한 九州(구주)의 전국토, 천하의 먼 곳까지 많은 관직에 많은 사람이 필요하지만 반드시 사대부의 인재들이 예비로 있어야 합니다. 그러니 천하를 소유한 천자께서 이를 일일이 친히 살필 수도 없고, 또한 오로지 어느 한 사람을 파견할 수도 없습니다. 그가 하루 이틀 사이에 그들의 품행과 재능을 심사해서 取捨(취사)를 결정해야 합니다. 내(황제)가 이미 재능과 덕행이 출중한 자를 살펴서 큰 벼슬자리를 주었다면, 그에게 자신과 유사한 사람을 임용하게 하여 오랫동안 시험해 봅니다. 그 능력자를 살펴서 임금께 보고하게 하고, 그 이후에 관직과 봉록 및 등급을 수여할 뿐입니다. 이것이 바로 인재를 선발하는 방침입니다.

이른바 적임자를 임용하는 방침은 무엇입니까? 사람들의 재능과 품덕은 그 高下(고하)와 厚薄(후박)과 동일하지 않고 그들이 맡은 직분도 적합한 것도 있고 적합하지 않은 경우도 있습니다. 선왕들은 이런 것을 알아서, 농사를 아는 사람으로 后稷(후직)을 삼고, 기술을 아는 사람으로 共工(공공)을 삼은 것입니다. 그 품덕이 관후하고 재능이 높은 사람을 주부장관으로 삼고, 품덕이 천박하고 재능이 떨어지는 사람은 보좌하는 조수로 삼았습니다. 또한 그 직분에 오랫동안 있게 함으로써 상사는 직무를 충분히 알아서 그 일에 통달하게 되고 아랫사람은 순종하면서 그의 가르침을 편안히 따르게 됩니다. 유능한 사람은 그 공적을 이룰 수 있게 되고 못난 사람은 그 허물이 드러날 수 있습니다. 그러므로 그들이 오랫동안 任職(임직)했으므로 업적을 심사하여 대우합니다. 이와 같이 한다면 지혜와 재능을 갖춘 선비는 그 지혜와 재능을 다 발휘하여 공적을 이룰 수 있게 되어, 그 일을 완료하지 못함과 그 공적을 이루지 못함을 근심지 않습니다. 게으르고 구차한 사람은 바로 일시나마 상사에게 영합할 수 있으나 후에는 치욕과 멸시를 받게 될 것이니, 어찌 감히 노력하지 않을 수 있겠습니까? 이런 무능한 사람은 사직하고 떠나야 함을 알게 될 것 입니다. 직무를 담당하여 일을 맡은 지가 오래 되었으면서도 일을 제대로 감내하지 못한 죄를 요행히 모면할 수가 없기 때문입니다. 그런 사람들은 또한 감히 경솔하게 맡지 않고 사직하고 물러나야함을 알게 될 것 입니다. 어찌 작당하여 사리사욕을 꾀하고 아첨하며 헐뜯고 승진을 다투는 사람이 있을 수 있겠습니까? 선발할 때에 이미 자세히 살폈고, 일을 하는데 이미 적합하고 그 자리에서 근무한지 이미 오래 되었고 직무를 맡은 것이 전문적입니다. 법령으로 일일이 속박하지 말고 그들이 그 뜻을 실현할 수 있게 해야 합니다. 요임금과 순임금이 모든 기관을 관리하면서 모든 일을 흥성하게 한 것은 이렇게 하였기 때문이었습니다.《書經》에 "3년에 업적을 심사하고 3차의 심사를 통해 못난 사람은 내쫓고 업적이 현저한 사람은 올려준다." 한 것이 이를 이르는 것입니다. 그러나 요순의 때에 그 내쫓긴 사람에 대하여 들어보았는데 곧 아마도 四凶(사흉) 같은 이입니다. 승진한 사람은 皐陶(고도), 稷(직), 契(계) 가 모두 죽을 때까지 한 가지 벼슬만 하면서 옮긴 일이 없습니다. 이른바 올려주었다는 것은 爵命(작명)과 봉록을 특별히 더해준 것을 말하는 것일 뿐이니 이것이 임용의 도입니다.

가르치고 기르고 선발하고 임용하는 도가 이와 같았는데, 당시의 군주들은 대신들과 함께 보고 듣고 생각하는 능력을 다하여 성심성의껏 국가를 위해 걱정하고 생각을 하면서 집행합니다. 이렇게 하면 신하는 의심이 없고, 천하 국가의 일에 어떤 일 하여도 하지 못하는 것이 없습니다.

지금 각 주와 현에 학교가 있기는 하나 담장과 벽 등 건물만 갖추고 있을 뿐 교육하고 인도하는 관리가 인재를 배양하는 일이 없습니다. 오직 중앙의 최고 교육기관인 太學(태학)에만 교육을 담당한 관리가 있는데 이들마저도 그 적임자를 엄격하게 선발하지 않고 있습니다. 조정의 예의, 음악, 형법, 정치에 관한 일을 학교에서 가르치는 일이 없습니다. 학생도 이러한 일은 해당 관서의 일이고 자신이 마땅히 알아야 할 바가 아니라고 여기게 되었습니다. 선생님이 가르치는 것은 강의하거나 문장의 뜻에 따라 쉼표를 찍는 것에 불과합니다. 이것은 본래 고대 사람을 교육하는 방법이 아닙니다. 근세에 과거 시험에 대처하는 문장을 가르치기 시작하였습니다. 과거시험에 쓰이는 문장은 광범하게 암송하고 열심히 학습하여 날이 다하도록 힘쓰지 않으면 할 수 없는 일이며, 이에 배워서 과거에 붙어도 크게는 천하국가를 다스리기에 부족하고 작게는 천하국가의 실제적인 일을 하기에 부족합니다. 그러므로 학교에서 머리가 희어질 때까지 공부하고 온종일 정력을 다해 가르친 것을 익힙니다. 그러나 그들이 정무에 참여하면 멍하니 있으면서 방도를 알지 못하는 것은 모두 이 때문입니다. 지금의 교육은 사람들의 재능을 양성하지 못할 할 뿐만이 아니라, 나아가 괴롭히고 방해하여 쓸모 있는 사람이 될 수 없으니 무엇 때문이겠습니까? 사람의 재능은 전문적으로 배양하는데서 성공하고 잡스러운 방해에서 훼손됩니다. 그러므로 선왕들은 백성들을 재능에 맞게 조처하되, 기술자들은 작업장에 모이게 하고, 농부들은 농토에 모이게 하며, 상인들은 시장에 모이게 하고 선비 계층은 학교에 모이게 하여, 각각 자기의 일을 전업으로 하고 다른 사물을 접촉하지 않게 하였습니다. 다른 사물이 그들의 전업에 방해가 될까 두려워한 것입니다. 이른바 선비들은 특별히 다른 분야에 관심을 갖지 않도록 하였을 뿐만 아니라, 한결같이 선왕의 도만을 제시하고, 제자백가들의 다른 학설은 모두 배제하고 감히 이를 배우지 못하게 하였습니다. 이제 선비들이 배워야 할 것은 천하국가에 유용한 학문입니다. 지금 이런 것들은 모두 방치하고 가르치지 않고, 과거 시험에 쓰이는 문장만을 가르쳐서 그들의 정신을 소모시키고 피곤하게 하며 온종일 온 정력으로 이 일만을 합니다. 그들이 벼슬에 임용하게 되면 또 배웠던 것을 모두 방치해두고 배운 일이 없는 천하국가의 일을 책임지게 합니다. 옛사람들은 아침부터 저녁까지 오로지 전심으로 뜻을 두고 국가를 다스리는 일을 배웠는데 그 재능을 잘 발휘할 수 있는 사람도 있고 잘 발휘할 수 없는 사람도 있습니다. 지금은 그 정신을 다른데 쓰게 하고 시간과 정력을 빼앗아서 하루 종일 쓸모없는 학문에 종사하게 합니다. 그들에게 직책을 주고 일을 할 때 돌연히 천하국가에 쓰임이 될 책임을 지우니 그의 재능으로 일을 제대로 할 수 있는 이가 당연히 적습니다. 그 때문에 신이 "현재의 교육은 단지 인간을 쓸모 있는 사람으로 육성할 수 없을 뿐만 아니라 나아가 괴롭히고 방해하여서 그들이 쓸모 있는 인재가 될 수 없게 합니다." 라고 말씀드린 것입니다.

이 외에도 심히 해가 되는 것이 있으니, 선왕의 시대에 선비가 배우는 것은 文(문)과 武(무)의 道(도)였습니다. 선비의 재능으로 어떤 사람은 公(공), 卿(경), 大夫(대부)가 될 수 있고, 선비가 될 수도 있었으니, 그 재능이 크고 작음과 합당하고 합당하지 않음에 있습니다. 武學(무학)의 일에 이르러서 그 재능의 대소를 막론하고 배우지 않은 것이 없었습니다. 그러므로 그 재능이 큰 자는 六官(육관)의 卿(경)이 되고, 전쟁 때에는 六軍(육군)의 將(장)이 될 수 있습니다. 재능이 그에 미치지 못하는 사람은 평상시에 比(비), 閭(여), 族(족), 黨(당)의 우두머리가 될 수 있고 전시에는 卒(졸), 伍(오), 師(사), 旅(여)의 지휘관이 될 수 있습니다. 그러므로 변방이나 궁궐을 수비하는 데에 모두 반드시 사대부가 일을 맡도록 하였고, 소인들은 그 직무를 모색할 수가 없었습니다. 현 시대의 선비들은 文(문)과 武(무)를 다른 일로 여기고, 나는 문관의 일만 처리하고 알 뿐이라고 하면서 변방 방어나 궁궐을 수호하는 임무는 군인에게 미루는데 이런 사람은 왕왕 잔악하고 무뢰한입니다. 만약 이러한 사람의 재능과 품행이 지방에서는 발붙일 수 있지만 친척들과 헤어져서 징집에 응하여 군대에 입영하려 하는 이가 없게 됩니다. 변방 수호나 궁궐의 수비는 이것이 곧 천하의 중요한 임무이고 군주가 신중하게 임용해야 할 자리입니다. 그러므로 옛적에 선비를 가르칠 때에는 활쏘기와 말타기의 교육을 급선무로 여겼습니다. 그 밖의 기능은 그 사람 재능의 적합한 바를 본 이후에 맞추어 가르치고, 그 재능이 미치지 못하면 억지로 가르치지 않았습니다. 활쏘기에 이르러서는 남자로써 당연히 배워야 할 일이므로, 사람이 살아있는데 아프면 그치지만, 만약 병이 없으면 활쏘기를 배우지 않은 사람은 없었습니다. 당연히 학교에서 활쏘기를 연습하고 빈객을 접대하는 일이 있을 때에도 활쏘기를 하였고, 제사 지낼 일이 있을 때에도 활쏘기를 하였습니다. 품행과 재능이 비슷한 사람의 높고 낮음을 구별할 때에도 활쏘기를 하였습니다. 禮(예)와 樂(악)의 의식에 활쏘기를 포함하지 않은 일이 없었으며, 활쏘기가 예악, 제사의 의식에 일찍이 빠진 일이 없었습니다. 그러므로 《易經》에 "화살의 날카로운 위력은 천하에 위엄을 보일만하다."라고 한 것이니, 선왕들이 어찌 활쏘기를 주인과 손님이 만나서 하는 예의로 익히는 것으로만 하였겠습니까? 본래 활쏘기는 武事(무사)를 닦는 일에서 더욱 중요한 일이었고, 천하에 위엄을 보이고 국가를 수호하는 방편이었습니다. 평상시 이것으로 예악을 익히고, 出征(출정)을 하면 이것으로 전쟁을 합니다. 선비가 아침부터 저녁까지 활쏘기를 익혀서 활을 잘 쏘는 사람이 많았습니다. 그래서 변경을 수호하고 궁궐을 수호하는 임무에 모두 적임자를 택하여 임용할 수 있었던 것입니다. 선비가 일찍이 선왕의 도를 배워 그의 품행과 절의가 일찍이 지방에서 추천을 받은 후에 그의 재능을 근거로 변경

보위나 궁궐 수호의 업무를 맡겼던 것입니다. 이것이 고대의 군주가 병권을 그들에게 주어서 나라의 안과 밖에 근심거리가 없게 된 까닭입니다. 지금은 곧 천하의 중대한 임무를 맡을 사람을 군주가 마땅히 지극히 신중하게 할 인선인데 간악하고 무뢰한에게 위탁하고 임명하였습니다. 그들은 재능과 행실이 鄕里(향리)를 맡기에도 부족한 인물입니다. 이것이 지금 사람들이 항상 변경의 불안정에 무서워하고 궁성 수비를 믿고 편안히 지낼 수 없음을 우려하게 하는 근본 이유인 것입니다. 현재의 상황이 변경의 수비나 궁성의 수호를 맡은 군사를 신뢰하고 편안히 지내기에는 충분하지 못하다는 것을 누구인들 모르겠습니까? 돌이켜보건대 천하의 선비들이 무기를 잡는 것을 부끄럽게 여겨서, 말 타고 활 쏘고 전쟁할 수 있는 사람이 없으니, 징집한 사병이 아니면 어느 누가 그 일을 담당할 수 있겠습니까? 엄격하게 가르치고 높은 기준을 세워 선발하지 않는다면 선비들이 무기 잡는 것을 부끄럽게 여기고 말 타고 활 쏘고 전쟁할 수 있는 사람이 없게 되는 것은 이치상 당연한 것입니다. 이것은 모두 교육방법이 적합하지 않은 원인입니다.

지금 규정한 봉록은 대체로 모두 야박한 편입니다. 본인이 조정의 고관이 아니거나 식구가 조금 많으면 농업이나 상업 수입을 겸하여 경영하지 않고서 가족의 양육을 충당할 수 없습니다. 그 아래 주나 현의 관리들은 한 달의 소득이 많은 자는 8,9천錢(전)이고 적은 자는 4,5천전입니다. 이것으로 守選

(수선), 待除(대제), 守闕(수궐)로 있으면서 봉록을 받지 않고 지내는 기간을 종합적으로 계산하면 대체로 6,7년 동안에 약 3년분의 녹봉을 지급받게 됩니다. 이를 계산하면 한 달의 소득이 실제로는 4,5천전에도 미치지 못하고, 적은 자는 3,4천전에 불과할 다름입니다. 비록 하급관리의 봉급이라 해도 이 정도로는 궁색하니, 일상생활과 죽은 이를 장사지내고 혼인 및 제사 등의 일을 모두 이것으로 충당해야 합니다. 대체로 도덕 수준이 보통 사람 보다 높은 사람은 비록 곤궁함에 처해도 군자다움을 잃지 않습니다. 보통 사람 보다 못한 사람은 비록 생활이 안정적이어도 소인입니다. 보통 사람은 이와 달라서 곤궁해지면 소인이 되고 부유해지면 군자가 됩니다. 천하의 선비들을 합계하면 도덕수준이 보통 사람 보다 높거나 낮은 사람은 천 명 중 열 명, 백 명 중 한 명도 되지 않습니다. 궁하면 소인이 되고 부유하면 군자가 되는데 천하 사람이 모두 이렇습니다. 선왕들은 이런 사람이 너무 많아 강제로 굴복시켜서는 안 된다고 여겼습니다. 자신의 수준에 맞추어 도덕 품행의 기준을 제정하지 않고 보통 사람으로 준칙을 삼았습니다. 또 보통 사람의 욕망을 근거로 하여 잘 이끌었습니다. 보통 사람들이 준수할 수 있는 것으로 기준을 삼아 임금의 뜻이 천하에 널리 시행하고 후세에 까지 미치게 할 수 있었습니다. 그런데 지금 제정한 봉록으로 계층이 염치를 잃지 않게 하려면, 아마도 보통사람은 할 수가 없게 될 것입니다. 그러므로 현재의 고관들은 왕왕 서로 사리를 꾀하

고 부정한 일을 저지르며 재산만을 꾀하다가 탐관오리라는 오명을 뒤집어쓰게 될 것입니다. 벼슬이 낮은 자는 장사를 하고 공개적으로 사기 쳐서 빼앗는 등 하지 않는 것이 없습니다. 선비들이 이미 염치를 훼손하여 악명을 뒤집어쓰고 도둑질하며, 게으름 피우고 아첨하려는 생각이 일어날 것입니다. 그래서 성실하게 분발노력하려는 마음이 없어집니다. 그렇게 되면 직분을 행하는데 어찌 나태해지지 않을 수 있을 것이며 올바른 관리의 공무집행이 어디서부터 흥기할 수 있겠습니까? 또 하물며 법을 지키지 않으면서 뇌물을 받고 백성을 약탈하는 것이 왕왕 도처에 있습니다. 이것이 이른바 재물을 넉넉하게 해줄 수 없어서 야기된 것입니다.

혼인과 장례, 부모의 봉양, 입는 것과 먹는 것, 일상생활에 필요한 물건 모두 제도를 정하여 이를 절제하는 일이 없게 되면, 천하 사람들이 사치스럽게 사는 것을 영예로 여기고 검소하게 사는 것을 부끄럽게 여기게 됩니다. 만일 그들이 재력을 갖출 수 있으면 하는 일에 이루지 못할 것이 없게 되고, 담당 관서에서 금하지 않으면 사람들은 또 이를 영예로 여기게 될 것입니다. 만일 재화가 부족하게 되어 이런 풍조에 재력이 없게 되면 혼인과 장례를 치를 때에 왕왕 가족이나 친척 및 인척에게 누를 끼치게 되고, 사람들은 이를 부끄럽게 여길 것입니다. 그러므로 부자들은 탐욕을 자행하면서 그칠 줄을 모르고, 가난한 사람들은 체면치레를 무리하게 버티며, 사치하고 낭비하는 풍조를 추종합니다. 이런 결과가 사대부에게는 어려움이 겹치는 것이고 염치의 마음이 되는 것입니다. 이것이 이른바 예절로써 단속할 수가 없게 되었다고 하는 것입니다.

지금 폐하께서는 몸소 검약을 실천하셔서 천하에 모범을 보이시니, 좌우에서 보필하는 고귀한 지위에 있는 신하들이 이런 사실을 친히 보고 있습니다. 그런데도 그러한 집안에서는 사치스럽고 낭비하며 절제하지 아니하여, 황제께서 싫어하시는 바를 범하고 천하 사람들을 교화하시려는 뜻을 위반하였는데 어떤 사람은 아주 심합니다. 조정이 이런 인물을 내쫓아서 천하에 본보기를 보였다는 말을 들어본 적이 없습니다. 옛날 주나라 사람들은 무리지어 술을 마시다가 잡혀서 사형을 당한 자도 있었는데, 이는 음주문화의 말류 폐단이 화근을 야기하여 사망에 이른 자도 많았습니다. 그러므로 중형으로 화근이 생기는 것을 중지하였습니다. 중형으로 화근이 생기는 것을 중지하였기에 시행하는 것은 결코 많지 않았습니다. 그리하여 사람들이 범법하여 화를 입어 망한 자는 적습니다. 지금 조정의 禁法(금법) 가운데 무서운 것은 오직 탐관오리의 처벌뿐입니다. 탐관을 嚴禁(엄금)하나 사치와 부패를 일삼는 자를 벌하는 데는 가벼운 법을 적용하고 있으니, 이것이 이른바 그 말류를 금지하고 근본을 해치는 자는 관대하게 하는 것입니다. 그러나 세상의 명망 있는 사람들은 현재 쓸모없는 관리가 많은데 그들에게 녹봉을 제공하므로 조정의 재정 부족이 야기된다고 생각하는데, 이 또한 사리에 합당하지 않습니다. 지금 관리 가운데는 진실로 불필요한 인원이 많습니다. 그러나 이전 시대에는 관리는 심히 적었고 지급하는 녹봉도 또한 이와 같이 박했습니다. 그런데도 재용이 부족했던 것은 또한 다른 이유가 있어서였으니, 어찌 관리의 봉록만으로 재정의 부족을 따질 수 있겠습니까? 신은 재정경제에 대해서는 본래 배운 일이 없지만, 전 시대 재정 운용의 대략을 조사해 보았습니다. 천하의 인력과 물력에 의지하여 천하의 재물이 생산되고, 이렇게 생산된 천하의 재물을 취하여 천하에 쓰이는 비용에 제공한 것입니다. 옛부터 천하가 잘 다스려졌던 시대에는 재물의 부족이 천하의 公的(공적)인 근심거리가 된 일이 없었고, 근심은 재정을 관리하는데 정확한 방법이 없는 것입니다. 지금은 천하가 전쟁을 겪지 않고 백성들은 그 땅에 안주하여 맡은 일을 기쁘게 행하며 각기 자신의 힘을 다하여 천하에 필요한 재물을 생산하고 있습니다. 그러나 국가나 백성이 항상 그 곤궁함을 근심하게 되었으니, 이는 아마도 재정을 관리하는데 정확한 방법이 없는 것입니다. 그리고 담당 관서에서 세상의 수요를 헤아려서 변혁하지 못하기 때문입니다. 만약 그 도로써 재물을 관리하고 변혁한다면, 신이 비록 어리석지만 관리들의 녹봉을 올려주어도 국가의 재정경비에 손실이 없을 것을 알고 있습니다. 지금의 시대는 법률이 엄격하고 政令(정령)이 완비되어서 천하의 선비를 법으로 규제하는 것이 주도면밀하다고 말할 수 있습니다. 그러나 또한 그들에게 도덕과 學藝(학예)를 가르치고, 그 가르침을 준수하지 않는 자가 있으면 형벌로 대응하겠습니까? 또한 제도로 그들을 규제하고 제도를 준수하지 않으면 형벌로 대응하겠습니까? 또한 그들에게 직무를 맡기고, 직무를 수행하지 못하면 형벌로 처벌하겠습니까? 먼저 도덕과 기예를 가르치지 않고 가르침을 좇지 않는다고 처벌할 수 없습니다. 먼저 제도로 규제하지 않고 처벌할 수 없습니다. 먼저 분담할 직무를 맡기지 않고 처벌할 수는 없습니다. 이 세 가지가 선왕들이 정한 법 가운데 급선무로 삼았던 것인데 지금은 이를 범해도 모두 처벌할 수 없습니다. 세세한 사정과 경미한 과실은 나라를 다스리는데 해가 되었습니다. 급히 막아야 할 일이 아닌 것은 오히려 법을 만들어 금지하고, 그 금령을 매월 바꾸고 매년 다르게 하고 있습니다. 그 때문에 관리된 자가 다 기억할 수가 없는 지경에 이르게 되었는데, 하물며 이를 일일이 피해서 범하지 않을 수가 있겠습니까? 이 때문에 법령을 얕잡아보고 시행하지 않으며, 소인 중에는 범법을 하고도 요행히 모면하는 자가 있습니다. 또한 군자 가운데 불행히도 법을 범법한 자가 있습니다. 이것이 이른바 형벌로써 제재할 수가 없는 것 입니다. 이런 일들은 인재를 관리하는데 정확한 방법이 없어서 야기된 것입니다.

지금 인재를 선발하는데 힘써 기억하고 널리 암송하며 문사를 대략 통하게 되면 이를 茂才異等(무재이등), 賢良方正(현량방정)으로 선발합니다. 무재이등과 현량방정은 고관의 인선입니다. 기억하기를 반드시 힘쓰지는 않고 암송하기를 반드시 광범하게 하지는 않았으나, 문사에 대략 통하고 시와 부를 배운 사람을 선발하는 것이 진사과입니다. 진사 출신 가운데 뛰어난 사람을 또한 공경으로 선발하기도 합니다. 이 두 科(과) 즉 무재이등, 현량방정과와 진사과의 합격자들이 가진 능력이 公卿(공경)이 되기에 부족합니다. 이것을 말하지 않아도 알 수가 있습니다. 그런데 세상의 어떤 이들이 말하기를 "우리들이 항상 이 방법으로 천하의 인재를 선발하였고, 그 재능이 공경이 될 수 있는 사람은 항상 이들 가운데서 나왔습니다. 반드시 옛날의 인재 선발제도를 본받은 이후에야 인재를 제대로 얻을 수 있는 것은 아니다."라고 하는데, 그 또한 도리에 막혀 있습니다. 선왕의 시대에는 인재를 선발하는 방법에 온 정성을 다하면서도 오히려 훌륭한 인물이 선발되기 어렵고 못난 사람이 그 사이에 섞일까봐 두려워하였습니다. 그런데 지금은 선왕들이 인재를 선발했던 방법을 모두 폐지하고 천하의 재능 있는 선비들을 휘몰아서 모두 현량이나 진사과에 응시하게 합니다. 선비의 재능이 공경이 될 만한 사람은 본시 현령이나 진사가 되기에도 합당하고, 현량 진사가 된 사람 중에도 당연히 때로는 공경이 될 만한 사람이 있습니다. 그러나 못난 사람이 만약 글귀나 아름답게 꾸미는 학문으로 공경의 지위에 오르고, 재능이 공경될 만한 사람은 공경이 되기에 아무 도움이 되지 않는 학문에 얽매어 배척받고 초야에 묻혀 죽는 사람이 대개 십중팔구가 됩니다.

옛날에 천하를 다스렸던 황제들은 그들이 신중하게 선택한 인물이 공경뿐이었습니다. 공경 자리에 그 적임자를 얻게 되고 그들에게 뜻을 같이하는 사람들을 추천받아서 조정에 모으면, 모든 관서에 그 적임자를 얻지 못하는 일이 없게 되는 것입니다. 지금은 못난 사람이 요행히 공경의 지위에 오르고 그들의 천거에 의하여 그와 같은 무리들이 조정에 모여드니, 이것이 조정에 못난 사람들이 많은 까닭입니다. 그런데 비록 어진 지혜를 가진 사람이라 해도 왕왕 도움이 없는 곳에서 곤경에 처하여 그들의 포부를 펼칠 수가 없게 됩니다. 또 공경 중 못난 사람이 同類(동류)의 사람을 추천하여 조정에 모이게 합니다. 또 그 조정을 장악한 못난 무리들이 그 동류들을 각 지방의 책임자로 추천하게 되고 각 지방의 책임자가 또 자기와 비슷한 못난 사람들을 추천하여 각 주와 군에 깔아놓게 될 것입니다. 비록 관원이 죄를 범하면 추천한 사람까지 함께 벌하는 법령이 있다 해도 어찌 이를 믿을 수가 있겠습니까? 때마침 소인들의 핑계거리가 될 뿐일 것입니다. 그 다음으로 九經科(구경과), 五經科(오경과), 學究科(학구과), 明法科(명법과) 등은 조정에서 이미 세상 다스리는데 쓸모가 없음을 염려하였습니다. 시험 보는 사람에 대하여 차차 유가의 治國要旨(치국요지)를 분명히 하기를 요구하였습니다. 그러나 치국요지를 터득한 사람을 선발한다 해도 이전보다 나아진 것이 없습니다. 이제 조정에서 다시 明經科(명경과)를 개설하여 유가의 경전을 근거하여 정사를 시행할 수 있는 선비를 선발하고 있습니다. 그러나 명경과를 통하여 선발한 사람도 또한 경서를 암송하면서 문사에 어느 정도 익숙한 사람이면 합격합니다. 합격자 중에 선왕들의 치국계획을 이해하고 이를 천하 국가에 시행하는데 쓸 만한 사람을, 보건대 이 선발을 통하여 반드시 얻을 수 없습니다. 그 다음으로는 관원의 자제에게 혜택을 주어 임용하는 恩澤子弟(은택자제)제도가 있는데, 학교에서 그들에게 도덕과 기예를 가르친 일도 없고, 유관부서에서 그들의 재능을 평가한 일도 없습니다. 父兄(부형)이 그들의 도덕과 품행에 대하여 담보할 수도 없습니다. 그러나 조정에서 그들에게 곧바로 관직을 주고 일을 맡기고 있습니다. 武王(무왕)이 紂(주)의 죄를 열거하여 말할 때에 “사람을 임용할 시 능력은 따지지 않고 가세에 따라 관직을 주었다.” 고 하였습니다. 대저 가세에 따라 벼슬을 주고 그 사람의 재능과 품행을 헤아려보지 않는 것, 바로 이것이 紂(주)가 나라를 어지럽혀 망하게 한 근본 이유였습니다. 그러나 천하가 잘 다스려지는 시대에는 없었습니다. 그 다음으로 流外(유외)제도가 있습니다. 이들은 조정에서 이미 염치를 지켜야 할 대상에서 배제되어 승진하는 길을 제한하고 있습니다. 그러나 그들에게 지방의 주와 현의 일을 맡겨서 士民(사민)들의 위에서 압도하고 있으니, 어찌 이른바 賢能(현능)한 사람으로 불초한 사람을 다스리게 한다는 것 입니까? 신이 밖에서 임직하여 이해하는 상황을 근거로 하면, 한 路(로)의 수천 리에 주와 현을 다스리는 관리는 유외 출신인데 왕왕 모두 일을 맡길 만한 사람은 거의 두서너 사람 밖에 없었고, 오히려 그들이 간악한 짓을 저질러 그것을 막아야 할 대상자가 대부분이었습니다. 옛날에는 현자와 어리석은 사람은 있지만 流外(유외)와 九品(구품)의 차별은 없었습니다. 그렇기 때문에 孔子(공자) 같은 성인이 季氏(계씨) 밑에서 하급관리를 했지만 공경이 되는데 해가 되지 않았습니다. 후세에 유외와 구품의 구별이 있자, 대체로 流外者(유외자)들은 직책을 얻게 되어도, 자신을 염치 따위는 돌아 볼 필요가 없는 자리에 있는 사람으로 여기고 타인 보다 높은 수준에 오르려는 뜻을 포기하였습니다. 근세에 이르러 풍속이 방탕해지고 활기가 없어졌습니다. 어떤 사람이 사대부의 재능이 있고 상황이 벼슬에 나갈 수 있어서, 조정에서 예의로써 표창 받은 적이 있어도 만년에 이르러 왕왕 유혹에 빠져 간악한 짓을 할 수 있습니다. 하물며 평소에 직책을 얻고도 타인 보다 뛰어나게 되려는 뜻을 가진 일이 없고 조정에서도 애초부터 염치를 지켜야 할 대상에서 제외하고 승진을 제한했던 사람들이야 더 말할 것이 있겠습니까? 그들이 관직을 맡아 방탕하고 편벽하며 사악과 사치를 행하는 것은 본래 자연스러운 것입니다. 변방의 방어나 궁궐 수비의 임무를 맡을 사람의 선발에 대해서는 신이 그 잘못된 점을 분석한 적이 있습니다. 이 모든 것이 인재를 선발하는 방법이 적합하지 않아서 야기된 것들입니다.

현재 인재 선발은 이미 정확한 방법대로 하지 않고서 그들을 임용함에 이르러서는 그가 지닌 덕이 직무에 적합한 것을 따지지 않고 관리의 이력, 선후 순서만 따집니다. 그의 재능이 직무에 합당한가의 여부는 논하지 않고 역임했던 경력의 많고 적음만을 논하고 있습니다. 문학으로 선발된 사람에게 재무를 담당하게 하고 재무를 담당했던 사람에게 또 직무를 바꾸어 감옥과 소송을 주관하게 합니다. 이미 감옥과 소송을 담당했던 사람을 또 교체하여 예법을 주관하게 합니다. 이는 한 사람의 몸으로 百官(백관)의 재능을 구비하도록 요구하니 이러한 인재를 이루는 것은 감당하기 어려운 것입니다. 사람이 하기 어려운 일을 책임 지우게 되면 할 수 있는 사람은 적게 되고, 잘할 수 있는 사람이 적게 되면 서로 눈치만 보면서 일을 하지 않습니다. 그러므로 예법을 주관하면 그 사람이 예법을 알지 못하는 것을 근심하지 않으니, 이는 현재 예법을 맡은 사람이 일찍이 예법에 대하여 배워본 일이 없기 때문입니다. 그런 사람이 감옥과 소송을 담당하게 하면 刑律(형률)을 알지 못하는 것을 부끄럽게 여기지 않습니다. 이는 현재 감옥과 소송을 관장한 사람이 일찍이 이것을 배운 일이 없기 때문입니다. 천하 사람들이 점차로 교육이 없는 현상에 습관이 되고 세속 풍속을 받아들입니다. 조정에서 업무를 맡긴 사람이 그 자격과 서열에 부족한 것을 보게 되면 서로 비평하고 비방합니다. 그러나 업무를 맡긴 사람의 재능이 부합하지 않을 때에는 이를 비난하는 사람이 없습니다. 또한 재직한 관리가 자주 인사 이동하여 그 관직에 오래 있을 수 없게 합니다. 그 때문에 상사는 그 일을 알지 못하고 익숙하지 못하며, 아랫사람은 기쁘게 따르고 그 가르침에 순종하지 않습니다. 현능한 사람은 업적을 이룰 수가 없게 되고, 못난 사람도 그 죄악이 드러나지 않게 됩니다. 새 사람을 맞이하고 옛 사람을 보내는 노고와 문서인수가 분명하지 않은 폐단은 본래 그 폐해 가운데 작은 것으로서, 다 헤아릴 수도 없습니다. 벼슬자리를 설치하였으면 모두 마땅히 그 임무를 오랫동안 맡게 하고 담당한 지역이 멀리 떨어져 있고 맡은 임무가 중하다면 더욱 마땅히 그 자리에 오래 있어야 합니다. 그런 후에야 그가 한 일에 대하여 책임을 물을 수 있습니다. 그런데 지금은 그 관직에 오래 있을 수가 없고, 왕왕 수일 만에 갑자기 교체되기도 합니다.

선발할 때에 이미 자세히 살피지를 못하였고, 그를 임용하는데 이미 적합하지 않았으며, 한 벼슬자리에 이미 오래 있게 하지도 않고, 임무를 맡길 때에 전문적이지 않았습니다. 일일이 법으로 얽어매어 그 포부를 행할 수가 없었습니다. 신은 그 때문에 지금 벼슬자리에 있는 사람 중에 적임자가 아닌 사람이 많아서, 약간의 권력이라도 부여하면 그들을 일일이 법으로 묶어놓아야 하고, 그렇지 않으면 방자해져서 못하는 짓이 없게 될 것임을 압니다. 비록 이와 같지만 벼슬자리에 있는 사람이 적임자가 아닌데 법에만 의지해서 다스리려 한다면, 예전부터 지금까지 잘 다스린 일은 없습니다. 만약 현직 관리가 모두 적임자들인데 일일이 법으로 속박하여 그 포부를 행하지 못하게 한다면, 또한 예전부터 지금까지 잘 다스린 일이 없습니다. 선발할 때에 이미 자세히 살피지를 않았고, 그들을 쓰는데 이미 적합 하지 않았으며, 한 벼슬자리에 이미 오래 있게 하지도 않았습니다. 전문 분야에 맞게 맡기지도 않고서, 하나하나 법으로 속박하였습니다. 그러므로 비록 현능한 사람이 재직하고, 유능한 사람이 직무를 담당한다 해도, 못나고 무능한 사람과 거의 차이가 없습니다. 이와 같기 때문에 조정에서 그의 현능함이 임무를 이길 수 있는 것을 분명히 알고 있다 해도, 만약 그 이력과 서열에 맞지 않으면 임무를 맡겨 곧바로 발탁할 수가 없습니다. 비록 발탁해도 사대부들이 오히려 불복합니다. 그가 무능하고 못났음을 분명히 안다 해도, 만약 죄를 범하여 당사자가 탄핵을 당하지 않았으면 감히 임무를 제대로 수행하지 못했다 하여 즉시 물러나게 할 수 없습니다. 비록 면직시킨다 해도 사대부들이 오히려 불복합니다. 저들이 진실로 못났고 무능해서 면직시켰는데도 사대부들이 불복하는 것은 무엇 때문이겠습니까? 이른바 현능한 사람이 직분을 맡았다 해도 못나고 무능한 사람과 다름이 없기 때문입니다. 신이 전에 말씀드리기를 "적합한 직무를 맡길 수가 없고, 직무를 다하지 못한 사람을 형벌로 다스리지 못한다."라고 한 것이 모두 이를 말씀드린 것입니다.

가르치고 기르고 선발하고 임용하는 일에 하나라도 그 도에 적합하지 않으면 천하의 인재를 훼손할 수 있습니다. 하물며 이 네 가지에 문제가 있다면 더 말할 것이 있겠습니까? 그러면 재직관원 중에 재능이 없고 일처리에 소홀하고 엉성하며 욕심 많고 비천한 사람이 셀 수 없을 정도로 많이 있을 것입니다. 도시와 시골에 또한 임용할 만한 인재가 적게 발견되는 것은 진실로 괴이하게 여길 것도 없습니다. 《詩經》에 "나라가 비록 크지 않아도 聖人(성인)도 있고 凡夫(범부)도 있다. 백성이 비록 많지 않아도 명철한 사람도 있고 계책에 능한 사람도 있으며, 장엄한 사람도 있고 유능하고 노련한 사람도 있다. 인재는 샘물 같아서 흐르면 돌아오지 않으니, 잘 이용하지 않으면 패망한다." 한 것이 이를 이르는 것입니다.

직장에서 인재가 부족하고 도시와 시골에도 쓸 만한 인재가 적다면, 어찌 다만 선왕들의 정치를 시행하는 일만 할 수 없을 뿐이겠습니까? 국가의 견고함과 변방의 수호로 폐하께서는 하늘이 내려준 요행에 의지하여 오래도록 존속할 수 있었지만, 어찌 돌연한 사고의 걱정은 안하십니까? 한나라 張角(장각)이 36만 명을 통솔하여 같은 날 반란을 일으켰는데도 그들이 소재하였던 郡(군)과 國(국)에서 그 계책을 알아차리지 못했습니다. 당나라의 黃巢(황소)가 천하를 횡행했는데도 그가 이르는 곳에 있던 장수나 관리는 감히 그들과 대항한 사람이 없었습니다. 한나라와 당나라가 멸망한 까닭은 그 재앙이 여기에서 시작되었던 것입니다. 당나라가 망한 후 점점 몰락하여 五代(오대)에 이르자 군인들이 정권을 용단하였고, 현인들이 도망쳐 숨고 기가 꺾이어 나오지 않았습니다. 벼슬자리에 있는 사람들은 군신간의 의리와 상하간의 예의를 아는 사람이 다시는 없게 되었습니다. 이때에 왕조의 교체가 바둑을 두는 것 보다 쉽게 백성들이 참혹하게 죽었습니다. 요행히 도랑이나 골짜기에 굴러 떨어져 죽은 사람은 얼마 되지 않게 되었습니다. 인재가 부족하게 되면 그 재앙이 이와 같은데도, 지금의 공경대부들은 폐하를 위하여 장구한 뒷일을 고려하지 않고 종묘의 萬代(만대)를 위한 계획이 없습니다. 신은 삼가 이를 의아하게 여기는 바입니다. 예전에 晉(진)나라 武帝(무제)는 되는대로 살아가면서 자손을 위한 장구한 계책을 세우지 않았습니다. 당시 벼슬자리에 있던 사람들도 모두 잘 보이기 위해 구차하게 영합하는 짓만 하였습니다. 그래서 풍속이 문란해지고 예의는 포기하며 법제를 준수하지 않게 되었습니다. 윗사람이나 아랫사람이나 모두 正道(정도)를 잃고서 잘못되었다고 여기지도 않게 되었습니다. 그러자 식견 있는 사람들은 장차 반드시 천하가 어지러워질 것을 예측하였는데, 그 후 과연 천하가 크게 어지러워져서 중국은 오랑캐에게 200년 동안 분열되었습니다. 제가 생각하옵건대 三廟(삼묘)에 모셔져 있는 祖宗(조종)의 신령들이 폐하께 천하를 의탁하는 것은 장차 만대의 제사를 위한 것이고, 백성들을 영원토록 크게 감싸서 보호해주는 것입니다. 신이 바라는 바는 폐하께서 漢(한)·唐(당)·五代(오대)가 혼란해져 망하게 된 이유를 거울삼고, 晉(진)나라 무제가 더는 발전하려 하지 않고 허송세월하다가 겪게 된 재앙을 경계하십시요. 이에 대신들에게 천하의 인재를 배양 육성하는 것을 명백하게 명령을 내리십시요. 미리 도모하면서 인재양성을 고려하시고 사려 깊게 계책을 세우시며 점진적으로 이를 시행하십시오. 이 시대가 당면한 변화에 부합하기를 힘써 도모하시고 선왕들의 뜻을 저버리는 일이 없게 되면, 천하의 인재는 이루 다 쓸 수가 없습니다. 이루 다 쓸 수가 없을 정도로 인재가 풍부하게 되면, 폐하께서 무엇을 구하신들 얻지 못할 것이며 무엇을 하고자 하신들 이루지 못하시겠습니까?

도모하기를 사려 깊게 하며 헤아려서 계책을 세우고 점진적으로 이를 시행한다면, 천하의 인재를 육성하는 것은 매우 쉽습니다. 신이 처음 《孟子》를 읽으면서 맹자가 王道(왕도)의 정치를 행하기가 쉽다고 한 것을 보고 마음속으로 정말 그렇겠다고 여겼습니다. 맹자와 신자가 제나라와 노나라의 영토 크기를 논한 것을 읽어보았습니다. 선왕이 제후국을 건립할 때 대체로 백 리를 초과하는 일이 없었다고 하면서, 이제 천하를 다스리는 왕이 나타나게 되면, 여러 제후들의 영토가 혹 천 리도 되고 오백 리가 되기도 하는 것을 장차 모두 줄여서 수 십 리에서 백 리가 되라고 하였습니다. 이에 신은 맹자가 그와 같은 현능함을 의심합니다. 그의 어짊과 지혜가 천하를 통일할 수 있어도 어찌 전쟁을 일으키지 않고 수백 수천 리를 소유한 강국들에게 하루아침에 그 영토의 십분의 팔,구를 줄이라고 하는 것을 선왕시대의 제후와 비교할 수 있겠습니까? 그 후에 이르러 史書(사서)에서 한 무제가 主父偃(주부언)의 계책을 채용한 것을 보았습니다. 제후들의 영지를 모두 그들의 자제에게 봉하여 주도록 은혜를 베풀고, 漢(한)나라 조정이 직접 封號(봉호)를 정해 주어 개별적으로 한나라에 예속하게 하였습니다. 이에 제후왕의 자제에게 각각 封地(봉지)를 소유하게 하였습니다. 이에 세력이 강하고 땅이 컸던 자들이 마침내 토지를 分封(분봉)하여 약소하게 되었습니다. 그런 후에야 성실하게 계획하고 적절하게 안배하며 점진적으로 시행하는 것을 안다면, 진실로 큰 제후국을 작게 하고 강한 제후국을 약하게 하면서도 몹시 놀라게 하거나 변란이 일어나거나 패배하고 다치는 발단이 일어나지 않게 됩니다. 맹자의 말은 잘못이 없었습니다. 더구나 이 시대에 개혁을 시행하려 한다면, 형세는 맹자가 행하려 했던 그런 어려움은 아닙니다. 신은 그 때문에 "생각을 사려 깊게 하고 헤아려서 계책을 세우고 점진적으로 이를 시행한다면 인재를 양성하는 것은 아주 쉬운 것이다" 라고 말씀드리는 것입니다.

그러나 선왕들이 천하를 다스리는데 사람들이 노력하지 않음은 근심하지 않고 사람들이 무능함을 근심하였습니다. 사람들이 무능함을 근심하지 않고 자신이 노력하지 않음을 근심하였습니다. 사람들이 노력하지 않음을 근심하지 않고, 사람들이 무능함을 근심한다는 것은 무엇입니까? 인지상정으로 얻기를 바라는 것은 선행, 명성, 고관, 큰 이익입니다.

선왕들은 이것을 모두 장악할 수 있으면 천하의 사대부들을 제어할 수 있었습니다. 천하의 사대부들이 선왕의 의지를 따르고 일을 할 수 있는 자가 있으면 그들이 원하는 물건을 모두 주었습니다. 사대부들이 재능이 없으면 내버려두지만, 진실로 재능이 있다면 누가 얻고자하는 것을 포기하고 스스로 인재가 되는 것을 노력하지 않겠습니까? 그러므로 "사람들이 노력하지 않음은 근심하지 않고, 사람들이 무능함을 근심하였다." 라고 말씀드린 것입니다. 사람들이 무능을 근심하지 않고 자신이 노력하지 않음을 근심하였다는 것은 무엇을 이르는 것이겠습니까? 선왕들의 법령은 사람을 대할 때에 정성을 다하는 것이었고, 어리석은 사람이 아니면 성심성의하고 憂國憂民(우국우민)하는 마음으로 국가를 위하여 진력하지 않을 수 없는 것입니다. 그러나 임금이 힘써 행하기를 솔선하지 않으면, 성심성의하고 우국우민하는 마음으로 힘써 행하고 호응하는 자는 없습니다. 그렇기 때문에 "남이 무능함을 근심하지 않고 자신이 노력하지 않음을 근심한다."고 한 것입니다. 폐하께서 진실로 천하의 인재를 육성하실 뜻을 가지고 계시다면, 신은 폐하께서 이를 위해 노력하시기를 바랄 뿐입니다.

신이 관찰하건대, 조정에서 과거에 변혁하려는 것을 보았습니다. 시작할 때에는 이해득실에 대한 고려가 성숙하지 못했습니다. 세속을 따르며 요행을 바라는 사람이 있어 변혁을 좋아하지 않고 이를 비판하게 되면, 곧 중지하고 과감히 시행하지를 못하였습니다. 법도가 세워지면 특정인만이 홀로 그 혜택을 입는 일이 없게 됩니다. 그러므로 선왕들이 다스렸던 정사가 비록 온 천하를 이롭게 하기에 족하다 해도, 前代(전대)의 파괴된 상태를 이어받은 후 요행을 추구하던 시대에는 법과 제도를 창립하는데 어려움이 있었습니다. 법과 제도를 창제하고 확립한 후에는 천하의 요행을 바라는 사람들도 흔연히 순종하고 의견이 일치되지 않음이 없었습니다. 그래서 선왕의 법도가 현재까지 보존되어 폐기되지 않은 것입니다. 법과 제도를 창제하고 확립하기가 어려운 것은, 요행을 바라는 사람들이 순종하며 좇지 않으려는데 있으므로, 옛사람들이 변혁하고자 하는 바가 있으면 이들을 먼저 무력으로 정복하지 않을 수 없고 그 이후에야 그 뜻을 실현할 수 있었습니다. 《詩經》에 이르기를 "정벌하고 공격하며 적을 소멸하니 천하 사방에 다시는 거역하는 자가 없게 되었도다."고 한 것이니, 이는 주나라 문왕이 먼저 무력으로 반항자를 정복한 이후에야 천하에 뜻을 펼칠 수 있었음을 말한 것입니다. 선왕들이 법과 제도를 확립하여서, 쇠미해지고 무너져버린 풍속을 바꾸고, 治國(치국)인재를 육성하였습니다. 비록 무력으로 정복하는 어려움이 있었지만 오히려 이를 무릅쓰고 시행한 것은, 이와 같이 하지 않으면 실현할 수가 없다고 여겼기 때문입니다. 孔子(공자)의 경우는 평민의 신분으로 제후들을 유세하여, 이르는 곳마다 그 군신들에게 관습을 버리고 지금까지 따르던 그릇된 관행을 바꾸며 부족한 것을 강화하게 하고자 바쁘게 뛰어다녔지만, 끝내는 배척당하고 쫓겨나는 곤경에 처하기도 했습니다. 그러나 공자 또한 시종 곤고 때문에 그 뜻을 바꾼 일이 없으니, 이와 같이 하지 않으면 이를 성취할 수 없다고 여겼던 것입니다. 그가 견지한 입장은 대체로 문왕의 뜻과 일치합니다. 무릇 왕위에 있던 성인으로는 문왕만한 사람이 없고, 하위에 있던 성인으로는 공자만한 사람이 없는데도, 뜻을 시행하기 위하여 개혁하려는 것이 있으면 이와 같이 하였습니다. 이제 폐하께서는 국가의 권력을 장악하고 선왕의 그러한 지위에 계시면서 법과 제도를 창립하고 확립하고자 하신다면, 무력으로 정벌하는 어려움이 없습니다. 비록 요행을 추구하는 사람이 있어서 이를 좋아하지 않고 비판한다 해도, 진실로 천하에 이를 순종하는 사람들이 많음을 이길 수는 없을 것입니다. 그러나 세속을 따르고 요행을 바라는 사람들의 불평하는 말이 한 마디라도 있게 되면, 드디어 중단하고 과감하게 추진하지를 않으시니 의아한 일입니다. 폐하께서 진실로 천하의 인재를 육성하려는 뜻을 가지고 계시다면 신은 또한 과감하게 행하시기를 바랄 뿐입니다.

도모하기를 사려 깊게 하고 헤아려서 계책을 세우며 점진적으로 실천하면서, 또한 이를 완성하기에 힘쓰시고 결심한 것을 과감하게 추진하는데도, 천하의 인재를 양성할 수 없었던 경우를 신은 아직 들어본 일이 없습니다. 그리고 신이 진술하는 것은 세속을 따르는 이들이 말하지 않는 것이고, 오늘날 비판하는 자들은 이를 현실을 떠난 케케묵은 소리라고 말합니다. 삼가 살펴보건대, 근세의 사대부들 가운데 진실과 이목을 다하여 조정을 보필하려는 사람도 있습니다. 그러나 그들의 의견은 사람의 이해에 맞지 않으면 이 시대에 시행할 수가 없다고 여깁니다. 사대부들은 이미 이런 세속에 영합하고 조정에서 선발한 천하의 선비들도 이와 같을 뿐입니다. 인륜의 기본이 되는 大倫(대륜), 국가의 기본이 되는 大法(대법), 도덕규범이 되는 예의에 선왕들이 힘써 배우고 견지한 것에 이르러서는 현재 미치지 못하고 있습니다. 일단 어느 사람이 이 문제를 언급하면 무리지어 냉소하고 현실에 부합되지 않는다고 비난을 합니다. 지금 조정은 일체의 이해관계에만 모두 마음을 쓰고, 담당 부서에서 법령을 공포하는 것을 문서상으로만 하는데 이는 어제 오늘의 일이 아니니, 그렇다면 그 효과는 알아볼 만합니다. 그러니 현실에 맞지 않고 진부한 것이라는 것을 폐하께서는 또한 조금이나마 유념하셔서 살펴보십시오. 옛적 당 태종 貞觀(정관)년간의 초기에는 治國安民(치국안민)에 대하여 사람마다 주장이 달랐습니다. 封德彝(봉덕이)와 같은 부류는 모두 秦(진)과 漢(한)의 법령을 겸용하지 않으면 천하를 다스릴 수 없다고 여겼습니다. 선왕들의 모든 행위를 고려하여 태종을 계도할 수 있었던 사람은 오직 魏文貞公(위문정공) 한 사람뿐이었습니다. 그가 시행한 것이 비록 선왕들의 뜻과 모두 부합한다고 할 수는 없지만, 그 대략은 부합된다고 말할 수 있습니다. 그러므로 수년 사이에 천하에 형벌을 거의 시행하지 않고서도 중국은 안정되고 주변 오랑캐들을 순종하게 할 수 있었으니, 三王(삼왕)이래로부터 이와 같이 흥성했던 시대는 없었습니다. 당 태종 초에는 천하의 풍속이 지금의 시대와 같습니다. 위문정공의 주장은 본래 당시에도 현실에 맞지 않고 진부한 것이라고 여겼지만, 그러나 그 효과가 이와 같이 좋았습니다. 賈誼(가의)가 말하기를 "지금 어떤 사람은 도덕으로 백성을 교화하는 것이 엄격한 법령으로 그들을 규제하는 것만 못하다고 말하는데, 어찌하여 商(상), 周(주), 秦(진), 漢(한)의 역사사실을 인증하여 살펴보지 않으십니까?" 하였습니다. 그러나 당 태종 때의 일도 또한 똑똑히 볼 수 있습니다.

신이 다행히 담당했던 직무에 대하여 돌아와 폐하께 보고드릴 수 있게 되었는데, 스스로 재능이 떨어져 업무 수행능력이 떨어지는 것을 깨닫지 못하고, 감히 국가의 큰 근본이 되는 문제에 관하여 언급한 것은 신이 폐하께서 임용해 주신 은혜를 입었기에 마땅히 돌아와 보고해야 합니다. 삼가 생각하기를, 任職한 사람 가운데는 재주가 부족하여 조정에서 그들을 임용한 의도와 적합하지 않은 이도 있습니다. 또 천하의 선비들을 임용하는 방침이 어떤 것은 합리적이지 않아서 임용된 선비들이 그 재능을 다 발휘할 수가 없습니다. 이것은 또한 신이 지방에서 任職(임직)할 때 접촉한 것이니, 폐하께서도 의당 먼저 아셔야 할 것들입니다. 이런 점을 그대로 두고 말씀드리지 않고 다만 이해에 해당하는 한 두 문제를 열거하여 폐하의 총명을 흐리게 하여 끝내 세상에 도움 되는 일이 없게 한다면, 이는 폐하를 섬기는 충성스런 마음이 아닙니다. 폐하께서는 이를 상세히 헤아리셔서 그 가운데서 취할 만한 의견을 선택해 주실 것을 간절히 바랍니다. 그러면 천하가 매우 행운일 것입니다.

◈ 작품 감상 및 분석

송나라 仁宗(인종) 嘉祐(가우) 3년(1058) 10월, 왕안석은 提點江南東路刑獄(제점강남동로형옥)과 祠部員外郎(사부원외랑)에서 三司度支判官(삼사도지판관)으로 전근하였는데 관리생활 10 여 년 동안 마음속에 생각해 두었던 국가관을 방대한 만 여 자의 문장으로 저술하여 임금에게 헌납하였다. 이것이 곧 〈上仁宗皇帝言事書〉로 梁啓超(양계초)가 "秦漢以後第一文"《王安石評傳》이라고 칭찬한 문장이다.

왕안석은 당시의 정치형세를 전면적으로 분석하였다. 먼저 당시 국내 빈곤과 풍속이 훼손되는 현상을 날카롭게 지적하였다. 이러한 상황이 발생되는 근본 원인은 국가가 법령제도 건립에 대하여 잘 모르기 때문이라고 분석하였다. 기존에 있는 법령제도는 고대 先王의 정치주장과 부합되지 않기에 반드시 고대 선왕 治國(치국)의 기본 정신을 본받아야 하고 변법혁신을 해야만 가능하다고 주장하였다. 이것은 당시 가장 절박한 문제이었다. 백성들의 고통과 갈구를 근거로 천하의 악정과 舊法(구법)을 변혁하면 이것은 선왕의 治國(치국)정신에 부합하는 것으로써 비교적 용이하고 명확하게 추진할 수 있다고 주장하였다. 이어서 당시 인재가 결핍한 원인은 교육문제에 있다고 분석하였다. 그는 역사사실을 열거하면서 인재를 배양하는 관건은 임금의 노력에 있다고 설명하였고, 이어 고대 先王(선왕)이 인재를 배양하는 방법을 명백하게 제시하였는데, 인재를 교육, 관리, 선발하는 방침과 당시 인재를 양성하는 방법을 일일이 비교하여 당시 교육제도의 각종 폐해를 폭로하였다. 나아가 교육개혁문제를 제시하였는데, 그는 學以致用(배운 것을 실제로 활용하다)에 근거하여 당시 실제를 이탈하고 조금도 쓸모가 없는 교학내용을 개혁대상으로 삼았다. 학생은 근본적으로 학문에 집중하고 무예를 익혀야 하며 국가를 수호하는 중책을 책임져야한다고 생각하였다. 역사적으로 야기된 인재부족 위험을 거울삼아 왕안석은 변법개혁의 절박성을 강조하고, 당시 교육과 과거제도, 인재를 배양하는 구체적인 방침과 절차를 개혁할 것을 제기하였다. 또 과거에 개혁운동 실패의 교훈을 근거로 仁宗(인종)이 반드시 취해야할 과제라고 충고하였다. 또 당나라 太宗이 신하의 간언을 잘 받아들여 태평성대를 구가했는데 인종도 그의 건의를 받아들여서 태평성대가 실행되기를 희망하였다. 본문을 통해서 보면 당시 이미 왕안석의 체계적인 개혁사상이 형성되어 있음을 볼 수 있다.

본문은 인재문제를 중심으로 법도를 개혁하고 인재를 배양하는 것을 주요 내용으로 삼는다. 본문은 3개 부문과 29개 단락으로 나누는데 각 단락에서 각각 전달하는 의미가 명확하고 서로 연계 되어있다. 문장의 서론부분은 당시 국가가 존재하는 각종 內憂外患(내우외환)문제를 개괄하였는데 "不知法度"에 몰려있고, 당시의 법령제도는 "多不合乎先王之

政"하였기에 선왕의 정당한 법도를 본받아야 된다고 여겼다. 그러나 이러한 것들을 개선하지 못하는 이유는 "天下之才不足故也"이라 하였고, 인재의 부족은 "陶冶而成之者非其道故也"에 있어 인재양성의 방법에 심각한 문제가 있음을 지적하였다. 작자는 여기에서 인재를 배양하는 관점을 제기하였는데 그 내용은 "敎,養,取,任"의 4개 방면으로 곧 교육, 관리, 선발, 임용인 것이다. 아울러 당시의 인재 양성 방법과 비교하여 당시 각종 폐단을 폭로하였다. 이에 작가는 인재를 배양하는 방법과 절차를 제출하였는데 본문에서 주장하는 중요 부분이다. 결론부분에서 작가는 본문의 요지를 거듭 천명하였다. 작가는 논증할 때 경전 중의 어귀나 고사를 인용하고 古今으로써 대비를 삼아 문장의 설득력을 높였다. 만여 자의 장문은 한 조목 한조목 열거하고 앞뒤가 잘 호응하고 막힘없이 首尾(수미)가 일관되었으며 또 구조적으로 질서정연하고 논리적이다.

上時政疏

年月日, 具位臣某昧死再拜上疏尊號皇帝陛下[1]; 臣竊觀自古人主享國日久[2], 無至誠惻怛憂天下之心[3], 雖無暴政虐刑加於百姓[4], 而天下未嘗不亂. 自秦已下, 享國日久者, 有晉之武帝、梁之武帝、唐之明皇[5]. 此三帝者, 皆聰明智略有功之主也. 享國

1) 具位臣(구위신): 옛날 관리 자신의 겸칭. (무능해서 벼슬아치 수를 채우고 있다는 뜻) 昧死(매사): 죽음을 무릅쓰다. 옛날 신하가 上書(상서)를 올릴 때 사용하여 경외를 표시하다. 尊號皇帝(존호황제): 宋(송)나라 仁宗(인종). 尊號(존호): 황제와 황후를 존경하는 칭호.

2) 享國(향국): 왕이 재위하다.

3) 惻怛(측달): 가엾게 여겨 슬퍼함.

4) 虐刑(학형): 잔인한 형벌.

5) 晉武帝(진무제): 司馬炎晋(사마염)(236-290년) 으로 晋(진)나라 건립자. 265-290년 까지 재위. 梁武帝(양무제): 蕭衍(소연)(464-549년), 南朝(남조) 梁(양)나라의 건립자로 503-549년 까지 재위. 즉위 후 사대부를 중용하고 농민을 잔인하게 수탈하여, 농민봉기가 수차례 발발하였다. 불

日久, 內外無患, 因循苟且[6], 無至誠惻怛憂天下之心, 趨過目前[7], 而不爲久遠之計, 自以禍災可以無及其身, 往往身遇災禍, 而悔無所及. 雖或僅得身免, 而宗廟固已毁辱[8], 而妻子固已困窮, 天下之民固已膏血塗草野[9], 而生者不能自脫於困餓刦束之患矣[10]. 夫爲人子孫, 使其宗廟毁辱; 爲人父母, 使其比屋死亡[11], 此豈仁孝之主所宜忍者乎? 然而, 晉、梁、唐之三帝, 以晏然致此者[12], 自以爲其禍災可以不至於此, 而不自知忽然已至也.

蓋夫天下至大器也[13], 非大明法度, 不足以維

교를 신봉하여 많은 사찰을 건립하였는데 侯景(후경)의 반란으로 아사하였다. 唐明皇(당명황): 唐(당)나라 玄宗(현종) 李隆基(이융기)(685-762), 712-756년 까지 재위. 시호가 至道大聖大明孝皇帝(지도대성대명효황제)이기에 "唐明皇"이라 칭하였다. 姚崇(요숭)·宋璟(송경) 등을 재상으로 임용하여 경제발전과 안정적인 정치를 실행하였기에 이 시기를 '開元之治'(개원지치)라 한다. 天寶(천보) 14년(755)에 安祿山(안록산) 난이 일어나 四川(사천)으로 피난 가서 태자 李亨(이형)(肅宗)에게 양위하였다.

6) 因循(인순): 낡은 관습을 버리지 않고 지킴. 苟且(구차): 이럭저럭 살다.
7) 趨過(추과): 지내다.
8) 宗廟(종묘): 고대 왕이 조상을 제사지내는 곳이지만 여기서는 국가.
9) 膏血(고혈): 사람의 기름과 피. 塗(도): 오염되다. 草野(초야): 시골.
10) 刦束(겁속): 강탈하고 속박하다.
11) 比屋(비옥): 가가호호. 比(비): 서로 잇닿다.
12) 晏然(안연): 편안한 모양.
13) 大器(대기): 매우 중요한 물건인데 여기서는 국가.

持; 非衆建賢才, 不足以保守. 苟無至誠惻怛憂天下之心, 則不能詢考賢才[14], 講求法道. 賢才不用, 法道不修, 偷假歲月[15], 則幸或可以無他; 曠日持久[16], 則未嘗不終於大亂.

伏惟皇帝陛下, 有恭儉之德, 有聰明睿智之才, 有仁民愛物之意, 然享國日久矣, 此誠當惻怛憂天下, 而以晉、梁、唐三帝爲戒之時. 以臣所見, 方今朝廷之位, 未可謂能得賢才; 政事所施, 未可謂能合法度. 官亂於上, 民貧於下; 風俗日以薄[17], 才力日以困窮[18]; 而陛下高居深拱[19], 未嘗有詢考講求之意. 此臣所以竊爲陛下計, 而不能無慨然者也[20].

夫因循苟且, 逸豫而無爲[21], 可以徼倖一時[22], 而不可以曠日持久. 晉、梁、唐三帝者, 不知慮此,

---

14) 詢考(순고): 심사하다.
15) 偷假(투가): 겨우 부지하다. 偷(투): 그럭저럭 되는대로 하다.
16) 曠日持久(광일지구): 시간을 소홀히 하고 오래 끌다.
17) 薄(박): 관대하지 않다.
18) 才(재): 재력.
19) 沈拱(심공): 궁중에 살면서 손을 잡고 움직이지 않다. 政事(정사)를 돌보지 않다.
20) 慨然(개연): 탄식하는 모양.
21) 逸豫(일예): 安樂(안락)하다.
22) 徼倖(요행): 뜻밖의 성공을 바라다.

故災稔禍變[23], 生於一時, 則雖欲復詢考講求以自救, 而已無所及矣. 以古準今[24], 則天下安危治亂, 尙可以有爲. 有爲之時, 莫急於今日. 過今日, 則臣恐亦有無所及之悔矣. 然則以至誠詢考而衆建賢才, 以至誠講求而大明法道, 陛下今日其可以不汲汲乎[25]?《書》曰: "若藥不瞑眩, 厥疾弗瘳[26]." 臣願陛下以終身之狼疾爲憂[27], 而不以一日之瞑眩爲苦.

臣旣蒙陛下採擢[28], 使備從官[29], 朝廷治亂安危, 臣實預其榮辱[30], 此臣所以不敢避進越之罪[31], 而忘盡規之義[32]. 伏惟陛下深思臣言, 以自警戒, 則天下幸甚!

---

23) 災稔(재임): 재난을 키워가다.

24) 準(준): 평가하다. 가름하다.

25) 其(기): 의문을 나타내는 어기사. 汲汲乎(급급호): 마음이 다급한 모양.

26)《書經·說命上》에서 인용. 瞑眩(명현): 약효가 나타날 때 괴로운 모양. 厥(궐): 其(기). 瘳(추): 병이 낫다.

27) 狼疾(낭질):《孟子·告子上》: "養其一指而失其肩背而不知也, 則爲狼疾人也."에서 인용. 狼疾(낭질): 狼藉(낭자).

28) 採擢(채탁): 임용을 선발하다.

29) 從官(종관): 황제의 시종 관리. 당시 왕안석은 知制誥(지제고)에 임명되었는데 곧 從官(종관)이다.

30) 預(예): 참여하다.

31) 進越(진월): 권한을 초월하다.

32) 義(의): 의무. 책임.

◈ 상시정소 번역

모년 모월 모일, 불충한 왕안석은 황제 폐하에게 삼가 보고를 드립니다. 저는 사사로이 자고이래로 재위기간이 긴 군주를 관찰하였는데 만약 천하 백성을 불쌍히 여기는 마음이 없거나 백성에게 폭정과 혹형을 행하지 않으면 천하에 동란이 일어나지 않습니다. 秦(진)나라 이후에 재위기간이 긴 晉武帝(진무제)·梁武帝(양무제)·唐明皇(당명황)이 있는데 이 세분의 황제는 모두 총명하고 지혜로우며, 모략도 있고 공로가 있는 황제입니다. 그들은 재위기간이 길고 국내외에 우환이 없어 그럭저럭 지내기에 천하의 백성을 애처롭게 어기는 마음이 없었습니다. 다만 현재의 일만 하고 긴 계획을 세우지 않고서 재해가 자신에게 떨어지지 않을 것이라 여겼습니다. 그러나 이후의 재앙이 닥쳐 후회막급이었습니다. 어느 때는 다만 자신은 요행히 살아남았지만 종묘는 이미 훼손되어 치욕을 당하고, 또 처자식들은 빈곤하고 고생스러우며, 천하의 백성들 피땀으로 시골을 오염시켰습니다. 살아있는 사람도 스스로 빈곤과 기아, 약탈된 재난을 벗어날 수 없었습니다. 先王(선왕)의 자손으로써 자신의 종묘가 훼손되어 모욕을 당하고, 백성의 부모로써 백성들 가가호호 죽게 만드니, 이것이 자애로운 임금이 응당 견디어 낼 수 있는 것 입니까? 그러나 진·양·당의 세 분의 황제는 安樂(안락)을 즐겨서 이와 같은 형편에 떨어졌습니다. 스스로 그들의 재앙은 이와 같은 것에 이르지 않는다고 여겼으나 오히려 예상 밖에 재앙은 갑자기 눈앞에 떨어졌습니다.

가장 중요한 국가정권으로써 법령 제도를 크게 투명하지 않으면 유지할 수 없습니다. 어질고 능력 있는 재능을 폭넓게 배양하지 않으면 지켜낼 수 없습니다. 만약 천하 백성을 불쌍히 여기는 마음이 없으면 능력 있는 인재를 심사 평가할 수 없고, 법령제도를 중시할 수 없습니다. 어진 인재를 활용하지 않으면 법령제도가 공명하지 못합니다. 세월을 겨우 부지하면 잠시 변고가 없을 수 있지만 시간을 소홀히 하고 오래 끌면 대란이 발생하지 않을 수 없습니다.

저는 황제 폐하가 겸손하고 검소한 품덕, 총명하고 지혜로운 재능이 있으며 백성을 사랑하고 만물을 아끼는 마음이 있다고 생각합니다. 그러나 재위기간이 길어 확실하게 응당 천하 백성을 불쌍히 여기는 마음이 있습니다만, 진·양·당 세 분의 임금을 교훈 삼을 때입니다. 신의 소견으로는 지금 조정에서 관직을 맡고 있지만 어질고 유능한 인재를 얻었다고 말할 수 없고, 政事(정사)의 시행은 법령제도에 부합된다고 말할 수 없습니다. 관리는 위에서 제멋대로 나쁜 짓을 하고, 백성들은 아래서 고생을 하고 있습니다. 사회 풍속은 날마다 경박하고 국가 재력은 나날이 곤궁합니다. 그러나 폐하는 아주 높은 곳에서 政事(정사)를 돌보지 않고 아무 일도 안하며, 어진 인재를 심사한 적도, 법도를 신경 쓸 생각도 없습니다. 이것은 곧 내가 사사로이 폐하를 위하여 고려하고 개탄하지 않을 수 없는 까닭입니다.

그럭저럭 지내면서 안일을 꾀하고 하는 일 없이 보내는 것은 한 순간 요행일 수는 있으나 오랫동안 지연할 수는 없습니다. 진·양·당 세 분의 황제는 이 문제를 고려했는지 모릅니다. 때문에 재앙이 내포되고 성숙하면 순식간에 발생하여 설령 어진 인재를 심사 평가하고 법도를 강구하여 구제하려 해도 이미 늦은 상황이 되었습니다. 옛 것을 빌려 현재를 교훈으로 삼으면 천하의 안위와 치안에 대하여 또 할 수 있는 것이 있습니다. 뜻한 바가 있으면 지금 보다 더 긴급한 것은 없습니다. 눈앞의 시기를 놓치면 후회막급 할 것 같아서 걱정입니다. 그러나 진실한 마음으로 심사하고 어진 인재를 널리 배양하고, 지극한 마음으로 법령제도를 정비한다면 폐하는 설마 급하지 않을 수 있겠습니까? 《尙書》에 이르기를: "만약 약을 먹은 후에 약성이 나타나지 않아 마음이 한 때 견디지 못하면 질병은 치유될 수 없다." 고 하였습니다. 폐하는 국가운명의 질병과 우환을 걱정해야지 하루의 괴로움을 걱정해서는 안 됩니다.

신은 폐하의 성은을 입어 선발 임용되어 시종의 관직을 맡았습니다. 그래서 조정의 치안과 안위는 실질적으로 저의 영욕과 관계가 있고 이것은 월권의 죄책을 도피할 수 없기에 권고의 의무를 잊을 수 없습니다. 폐하께서 저의 의견을 깊이 고려하시고 스스로 경계하시면 천하의 큰 다행이라고 생각합니다.

◈ 작품 감상 및 분석

본문은 송나라 仁宗(인종) 嘉祐(가우) 6년(1061)에 쓴 것으로, 이해 6월에 왕안석은 知制誥(지제고)에 임명되었다. 황제를 대신하여 문서 초안을 작성하는 직책으로 그는 본인의 장래와 국가의 운명을 같이 연계하여 개인의 성쇠와 걱정을 하였다. 이 년 전에 그는 인종에게 일명 〈萬言書〉(만언서)로 불리는 〈上仁宗皇帝言事書〉(상인종황제언사서)를 올려 개혁에 관계되는 논리적인 주장을 제출하였다. 그러나 10 여 년의 심혈이 응축된 이 작품은 황제와 대신들의 관심을 받지 못했다. 이 때문에 왕안석은 嘉祐(가우) 5년과 6년에 각각 〈擬上殿箚子〉(의상전차자)와 〈上時政疏〉(상시정소) 2편의 상소문을 작성하여 〈萬言書〉에서 언급한 관점을 재차 강조하거나 보충하였다.

〈萬言書〉는 논리적으로 變法(변법)의 근본 취지와 구체적인 조치를 제출하였지만 본문은 역사적인 경험 교훈을 총결하여 변법 혁신의 절박성을 논술하였다. 먼저 진무제 사마담, 양무제 소연, 당현종 이융기 세 분의 임금이 정권을 상실한 역사 사례를 들어 분석하고, 낡은 틀에서 벗어나지 못해서 위기와 혼란의 국면으로 치닫는 결과를 제시하였다. 작자는 옛것을 교훈삼아서 당시 송나라 인종 통치하의 사회상황과 진·양·당 임금 시대와 비교하여 당시 태평성대로 위장되어있는 심각한 정치위기를 폭로하였다. 그리하여 당시 재위 40

여년의 인종에게 경종을 울렸다. “현명한 인재를 배양하고, 법령제도를 정비하는 것”을 주요 내용으로 개혁의 절박성을 재차 강조하였다.

※※※

本朝百年無事箚子

臣前蒙陛下問及本朝所以享國百年[1], 天下無事之故. 臣以淺陋[2], 誤承聖問[3], 迫於日晷[4], 不敢久留, 語不及悉[5], 遂辭而退. 竊惟念聖問及此[6], 天下之福, 而臣遂無一言之獻, 非近臣所以事君之義[7], 故敢昧冒而粗有所陳[8].

---

1) 百年(백년): 宋(송)나라 太祖(태조) 建隆(건륭) 元年(원년)(960)에서 宋(송)나라 神宗(신종) 熙寧(희녕) 元年(원년)(1068) 까지 근 100년. 箚子(차자): 唐(당)나라에서 宋(송)초까지 사용한 간단한 서식의 상소문. 享國(향국): 왕이 재위하여 정권을 장악하다.

2) 淺陋(천누): 견문이 천박하다. 스스로 겸양하는 말.

3) 誤承(오승): 황송하게 받다. 스스로 겸양하는 말. 聖(성): 황제.

4) 日晷(일구): 해시계. 여기에서는 시간.

5) 悉(실): 다하다.

6) 竊惟念(절유념): 삼가 엎드려 생각하옵건대. 다음 문장의 "伏惟"(복유)도 같은 의미.

7) 近臣(근신): 황제와 친근한 대신. 당시 왕안석은 翰林學士(한림학사)로

伏惟太祖, 躬上智獨見之明[9], 而周知人物之情僞; 指揮付託, 必盡其材; 變置施設, 必當其務. 故能駕馭將帥[10], 訓齊士卒[11], 外以扞夷狄[12], 內以平中國[13]. 於是除苛賦, 止虐刑, 廢强橫之藩鎭, 誅貪殘之官吏. 躬以簡儉爲天下先[14], 其於出政發令之間, 一以安利元元爲事[15]. 太宗承之以聰武, 眞宗守之以謙仁, 以至仁宗、英宗, 無有逸德[16]. 此所以享國百年, 以天下無事也.

仁宗在位, 歷年最久, 臣於時實備從官[17], 施爲本末[18], 臣所親見. 嘗試爲陛下陳其一二, 而陛

시종관리이었다.

8) 昧冒(매모): 경솔하다. 겸양어.

9) 躬(궁): 그 자신이 가지고 있다. 上智(상지): 가장 뛰어난 지혜. 獨見(독견): 뛰어난 견해.

10) 駕馭(가어): 통솔하다.

11) 訓齊(훈제): 마음을 같이하여 힘을 합치다.

12) 扞(한): 捍(한)과 같다. 저항하다. 夷狄(이적): 당시에는 契丹(거란)과 西夏(서하)를 지칭함.

13) 中國(중국): 中原(중원)지대. 宋(송)나라 太祖(태조)가 중원지역을 평정한 전쟁을 말함.

14) 躬(궁): 몸소.

15) 安利元元(안리원원): 백성들이 평안함과 이익을 얻게 하다. 元元(원원): 백성.

16) 逸德(일덕): 덕이 없어지다.

17) 實備從官(실비종관): 왕안석은 仁宗(인종) 때 知制誥(지제고)(국가의 詔令(조령)을 작성하는 관직)를 역임하였는데 이 역시 시종관리이다.

18) 施(시): 조치하다.

下詳擇其可, 亦足以申鑒於方今[19]. 伏惟仁宗之爲君也, 仰畏天, 俯畏人; 寬仁恭儉, 出於自然, 而忠恕誠慤[20], 終始如一. 未嘗妄興一役, 未嘗妄殺一人; 斷獄務在生之[21], 而特惡吏之殘擾[22]; 寧屈己棄財於夷狄[23], 而終不忍加兵; 刑平而公, 賞重而信; 納用諫官御史, 公聽並觀[24], 而不蔽於偏至之讒[25]; 因任衆人耳目, 拔擧疏遠[26], 而隨之以相坐之法[27]. 蓋監司之吏以至州縣[28], 無敢暴虐殘酷, 擅有調發以傷百姓[29]; 自夏人順服[30], 蠻夷遂無大變, 邊人父子夫婦, 得免於兵死, 而中國之人, 安逸蕃息, 以

19) 申鑒(신감): 거울로 삼다.
20) 誠慤(성각): 성실하다.
21) 斷獄(단옥): 중한 범죄를 처단함. 生(생): 벗어나다.
22) 惡(오): 증오하다
23) 棄財於夷狄(기재어이적): 契丹(거란)과 西夏(서하)와 화친을 맺은 후에 지속적으로 헌물하였다. 왕안석은 宋(송)나라 仁宗(인종)을 대신하여 변명하는 말.
24) 公聽並觀(공청병관): 많이 듣고 많이 보다.
25) 偏至之讒(편지지참): 일방적으로 중상 모략하는 말.
26) 拔擧疏遠(발거소원): 발탁하거나 기용이 소원한 사람.
27) 相坐之法(상좌지법): 추천받은 사람이 후에 실직하면 추천한 사람이 처벌을 받는다.
28) 州縣(주현): 지방 관리.
29) 調發(조발): 조달하다. 배급하다.
30) 夏(하): 堂項族(당항족)이 甘肅(감숙)과 寧夏(영하) 등지에 세운 나라로 송나라 사람은 西夏(서하)라 칭하였다.

至今日者, 未嘗妄興一役, 未嘗妄殺一人, 斷獄務在生之, 而特惡吏之殘擾, 寧屈己棄財於夷狄, 而不忍加兵之效也. 大臣貴戚, 左右近習[31], 莫敢强橫犯法, 其自重愼, 或甚於閭巷之人[32], 此刑平而公之效也. 募天下驍雄橫猾以爲兵[33], 幾至百萬, 非有良將以御之[34], 而謀變者輒敗; 聚天下財物, 雖有文籍[35], 委之府史, 非有能吏以鉤考[36], 而斷盜者輒發[37]; 凶年饑歲, 流者塡道[38], 死者相枕[39], 而寇攘者輒得[40]; 此賞重而信之効也. 大臣貴戚, 左右近習, 莫能大擅威福, 廣私貨賂, 一有姦慝[41], 隨輒上聞; 貪邪橫猾, 雖間或見用, 未嘗得久; 此納用諫官御史、公聽並觀、而不蔽於偏至之讒之効也. 自縣令京官以至監司臺閣[42], 陞擢之任[43], 雖不皆得

---

31) 左右近習(좌우근습): 황제 주위의 친근한 사람.
32) 閭巷之人(여항지인): 평민.
33) 驍雄橫猾(효웅횡활): 용맹하고 난폭하며 교활한 사람.
34) 御(어): 통솔하다.
35) 文籍(문적): 장부. 기록부.
36) 鉤考(구고): 조사 확인하다.
37) 斷盜者(단도자): 중간에서 횡령하는 사람.
38) 流者(유자): 부랑자.
39) 死者相枕(사자상침): 시체가 시체를 베고 있다.
40) 寇攘者(구양자): 강도.
41) 姦慝(간특): 간사한 일.

人; 然一時之所謂才士, 亦罕蔽塞而不見收擧者44), 此因任衆人之耳目、拔擧疏遠、而隨之以相坐之法之効也. 升遐之日45). 天下號慟46), 如喪考妣47), 此寬仁恭儉, 出於自然, 忠恕誠慤, 終始如一之効也.

然本朝累世因循末俗之弊48), 而無親友羣臣之議. 人君朝夕與處, 不過宦官女子; 出而視事, 又不過有司之細故49), 未嘗如古大有爲之君, 與學士大夫討論先王之法, 以措之天下也50). 一切因任自然之理勢51), 而精神之運52), 有所不加; 名實之間53), 有所不察; 君子非不見貴, 然小人亦得厠其間54); 正論非不見容, 然邪說亦有時而用; 以詩賦記誦求天下之士, 而無學校養成之法; 以科名資歷叙朝廷

---

42) 臺閣(대각): 執政大臣(집정대신).
43) 陞擢(승탁): 진급하다. 등용하다.
44) 罕(한): 드물다. 收擧(수거): 임용하다.
45) 升遐(승하): 황제의 사망을 일컫는 말.
46) 號慟(호통): 통곡하다.
47) 考妣(고비): 사망한 부모.
48) 因循末俗(인순말속): 옛 관습을 간직하다.
49) 有司之細故(유사지세고): 관리들의 세세한 사정.
50) 措之(조지): 그것을 실시하다.
51) 自然之理勢(자연지이세): 객관적 형세.
52) 精神的運(정신적운): 주관적 노력.
53) 名實(명실): 명목과 실상.
54) 厠(측): 참여하다.

之位, 而無官司課試之方; 監司無檢察之人, 守將非選擇之吏; 轉徙之亟[55], 旣難於考績, 而游談之衆[56], 因得以亂眞[57]; 交私養望者[58], 多得顯官, 獨立營職者[59], 或見排沮[60]. 故上下偸惰取容而已, 雖有能者在職, 亦無以異於庸人. 農民壞於繇役, 而未嘗特見救恤, 又不爲之設官, 以修其水土之利. 兵士雜於疲老, 而未嘗申敕訓練[61], 又不爲之擇將, 而久其疆埸之權[62]. 宿衛則聚卒伍無賴之人[63], 而未有以變五代姑息羈縻之俗[64]. 宗室則無敎訓選擧之實, 而未有以合先王親疏降殺之宜[65]. 其於理財, 大抵無法, 故

---

55) 轉徙(전사): 관직을 옮기다. 亟(극): 빈번하다.
56) 游談之衆(유담지중): 큰소리치는 사람.
57) 亂眞(난진): 재간이 있는 사람처럼 보이다.
58) 交私養望者(교사양망자): 몰래 결탁하고 명망을 빼앗는 사람.
59) 獨立營職者(독립영직자): 다른 사람에게 의지하고 않고 직책에 충실하다.
60) 排沮(배저): 배제하고 속박하다.
61) 申敕(신칙): 정부가 발포한 명령. 여기서는 경고를 주다는 의미.
62) 久其疆埸之權(구기강장지권): 武將(무장)을 장기간 변방에서 근무하게하다.
63) 宿衛(숙위): 禁衛軍(금위군).
64) 五代(오대): 北宋(북송) 이전의 後梁(후양)·後唐(후당)·後晉(후진)·後漢(후한)·後周(후주)의 시대(907-960). 姑息羈縻(고식기미): 제멋대로 농락하고 마음대로 재편성하다.
65) 親疏降殺之宜(친소륭살지의): 친근하거나 소원하며, 은총과 푸대접의 구별의 원칙.

雖儉約, 而民不富; 雖憂勤, 而國不强. 賴非夷狄昌熾之時[66], 又無堯、湯水旱之變[67], 故天下無事, 過於百年. 雖曰人事, 亦天助也. 蓋累聖相繼[68], 仰畏天, 俯畏人, 寬仁恭儉, 忠恕誠慤, 此其所以獲天助也.

伏惟陛下, 躬上聖之質[69], 承無窮之緖[70], 知天助之不可常恃, 知人事之不可怠終[71], 則大有爲之時, 正在今日. 臣不敢輒廢將明之義[72], 而苟逃諱忌之誅[73], 伏惟陛下幸赦而留神[74], 則天下之福也. 取進止[75].

---

66) 昌熾(창치): 창성하다.

67) 堯湯水旱之變(요탕수한지변): 요임금 때 9년 동안의 홍수와 탕임금 때 5년 동안의 가뭄.

68) 累聖(누성): 여러 대의 성군으로 宋(송)나라 太祖(태조)·太宗(태종)·眞宗(진종)·仁宗(인종)·英宗(영종)을 일컬음.

69) 躬上聖之質(궁상성지질): 가장 현명한 자질을 구비하다.

70) 承無窮之緖(승무궁지서): 무궁한 왕의 업적을 계승하다. 緖(서): 전통.

71) 不可怠終(불가태종): 무책임하게 끝까지 끌 수 없다.

72) 將明之義(장명지의): 《詩經·大雅·烝民》에서 인용. 將(장): 실행하다. 明(명): 판명하다. 義(의): 직책.

73) 苟(구): 구차.

74) 赦(사): 사면하다.

75) 取進止(취진지): 황제에게 쓴 상소문의 의례적인 말. 나의 의견이 타당하고 정확한지를 결정하라는 의미.

◈ 본조백년무사차자 번역

저는 예전에 성은을 입었는데 황제께서 송나라 건립 100년 이래 천하가 태평무사할 수 있는 원인을 물으셨습니다. 저는 견식이 얕은데 황송하옵게도 황제의 질문을 받았습니다. 또한 당시 시간이 급박하여 감히 오랫동안 머물 수 없어 상세하게 설명하기에는 부족하여 작별인사를 하고 물러났습니다. 황제께서 이 문제를 물은 것은 천하 백성의 행복이었는데 오히려 저는 한마디도 드릴 수 없었습니다. 근신이 임금을 모시는 도리에 부합되지 않아서 감히 외람되게 상소문을 올려 저의 의견을 대략적으로 진술합니다.

태조께서는 아주 뛰어난 지혜와 독특한 지혜를 가지고 또 각 방면 인사의 진위여부를 완전히 이해한다고 생각됩니다. 그러므로 태조께서는 잘 관리하고 배치하며 파견하여 반드시 사람들이 그 재능을 다 발휘할 수 있게 하십니다. 그러므로 장수를 통솔하고 사병을 훈련하며, 대외적으로는 외족의 침입을 방어할 수 있으며, 대내적으로는 중원지역의 할거세력을 평정할 수 있습니다. 그런 후에 가렴주구하는 세금을 폐지하고 가혹한 형벌을 금지하며, 횡행하는 번진세력을 쫓아냈으며 부패하고 잔인한 관리를 징벌하였습니다. 스스로 소박하고 근검한 생활로 천하인의 모범이 되었고, 정책을 제정하고 명령을 발포할 때 백성에게 안정되고 유익한 것으로써 규범을 삼으셨습니다. 태종께서는 총명하고 용감하며 위세가 있으셔 태조의 사업을 계승하였습니다. 眞宗(진종)은 겸허하고 仁愛(인애)로 강산을 지키셨고, 줄곧 인종·영종에까지 어떤 과실도 없으셨습니다. 이것이 100년 이래로 천하가 태평무사한 이유입니다.

인종황제께서 재위기간이 길었는데 저는 그 때 시종관을 역임하였습니다. 일체의 정책이 실행된 전 과정을 저는 직접 목도하였습니다. 제가 이 문장에 대략 진술하려고 하니 폐하께서는 그중에서 취할 만한 것을 선택하시고 고려해 주시어, 또한 오늘의 교훈으로 삼으실 수도 있습니다. 인종황제는 군주로써 위로는 하늘을 경외하고 아래로는 백성을 두려워했습니다. 인자하고 겸허하며, 검소하고 남을 헤아렸습니다. 진실하고 너그럽게 대하며 성실하시고 시종 일관된 태도를 견지하셨습니다. 임의대로 노역을 만들지 않았고 사람을 함부로 죽이지 않으셨습니다. 사건을 심리 판결 시에는 반드시 범인에게 활로를 열어주셨습니다. 특히 관리의 잔인함과 백성을 괴롭히는 것을 싫어하셨습니다. 차라리 스스로 돈을 내어 遼(요)와 西夏(서하)에게 주는 억울함이 있어도 시종 그들 군사를 부리는 것을 견디지 못하셨습니다. 형법이 공평하고 합리적이며, 포상은 후하게 하고, 말씀한 것은 반드시 실천하셨습니다. 간관과 어사의 의견을 채택하고, 많이 듣고 많이 보셨습니다. 그래서 일방적인 헐뜯는 말과 속임수를 당하지 않았습니다. 많은 사람의 견문을 믿고, 疏遠(소원)한 사람을 등용하였습니다. 동시에 또 연좌법으로 천거한 사람에 대해서는 더욱 제한하였습니다. 감찰의 관리로부터 州縣(주현)의 관리까지 감히 포악하고 잔인한 것이 없고, 제멋대로 노역과 부세를 부과하여 백성을 괴롭히지 않았습니다. 西夏(서하) 사람이 복종한 이후부터 다른 오랑캐도 별다른 대란이 없었습니다. 국경지역 백성의 부자와 부부는 전쟁에서 사망하는 것을 면하였고 內地(내지) 사람들은 편안하고 생활이 안정되었습니다. 지금까지 인종황제께서는 노역을 새로 만들지 않으셨고, 임의대로 한 사람도 살해하지 않으셨습니다. 또한 사건을 심리 판결 시 반드시 범인에게 살아나갈 방도를 남겨주셨습니다. 관리의 잔혹함과 백성을 괴롭히는 것을 특히 미워하였고 스스로 돈을 꺼내 遼(요)와 西夏(서하)에게 주어서 억울함을 당할지언정 그들에게 군대를 부려서 가져오는 결과를 견디지 못하셨습니다. 대신과 친척, 좌우의 심복 누구도 감히 유세를 부리거나 법령을 저촉하지 않았습니다. 그들은 자중하고 근신하였고 어떤 이는 일반 백성보다 지나쳤습니다. 이것은 형법이 공정하고 합리적인 것이 가져온 효과입니다. 천하의 용맹하고 난폭하며 간사한 사람을 모집하여 백만 군인이 되었지만 훌륭한 장군이라도 그들을 통솔할 수 없습니다. 그러나 음모를 꾸미거나 반란을 일으키는 사람은 결국 멸망합니다. 천하의 재물을 모아 둔 것을 기록한 장부가 있어도 같은 말단 관리들만 임명하면 결코 능력 있는 관리가 파견되어도 검사하고 심사하지 못합니다. 그러나 횡령하고 도적질 하는 사람은 항상 적발됩니다. 흉년 때

도망가는 사람들이 도로를 메우고 시체는 서로 겹쳐있어도 틈을 타 재물을 약탈하는 강도들은 꼭 잡히는데 이것은 포상하고 신용을 지킨 효과입니다. 大臣(대신) 귀족과 좌우 심복들이 누구도 함부로 권세를 부리거나 뇌물을 받지 않습니다. 일단 간악한 행위가 있으면 윗사람에게 즉시 보고하고, 매우 탐욕스럽고 간사한 사람이 있으면 비록 우연히 임용되었어도 오랫동안 할 수 없습니다. 이것은 간관과 어사의 의견을 받아들인 것으로 많이 듣고 많이 보며 단편적인 중상 모략하는 말을 듣지 않은 효과입니다. 현령과 京官(경관)에서 감찰과 집정대신까지 선발 임용 하였어도 누구나 직책에 적합한 것은 아니며 당시 소위 재능이 있는 인사도 드물게 매몰되거나 임용되지 않았습니다. 이것은 많은 사람들 견식을 믿어 소원한 사람을 추천 선발하였으나 연좌법으로써 추천자에 대해 제한이 있는 결과입니다. 인종황제가 서거한 그날 천하의 사람들은 통곡하였고 마치 부모가 죽은 것 같이 울었습니다. 이것은 인종 황제가 관용과 인애를 베푸시고 검허하며 또 검소하고 본인이 하기 싫은 것은 나에게 억지로 시키지 않았기 때문인데 忠恕(충서)와 성실이 일관된 효과입니다.

그러나 현 왕조도 낡은 풍속과 폐단을 답습하지 않았으나 오히려 친척 친구와 대신들이 의론하거나 비평하는 것은 없었습니다. 임금이 늘 항상 지내는 사람은 단지 환관과 궁녀이고 나가서 政事(정사)를 처리하는 것은 다만 유관부서의 작은 일만을 하십니다. 옛날 큰 성과가 있는 임금처럼, 學士

(학사)와 대부와 같이 先王(선왕) 정치치국의 방법을 토론하여 천하에 실행하려는 것은 없습니다. 일체 자연 발전의 추세에 맡겨서 주관적인 노력이 다소 부족한 것이 있습니다. 명분과 실제사이에는 서로 부합되는지 현지 조사하지 않습니다. 군자는 중시되어야 하지만 소인도 그 중에 참여할 수 있습니다. 정확한 의견은 채택되어야 하지만 그릇된 주장도 어느 때는 채택될 수 있습니다. 詩賦(시부)와 암기로 천하의 지식인을 선발하는데 오히려 학교를 설립하여 인재를 배양하는 법령제도는 없습니다. 과거급제의 석차와 경력 등으로 조정 관리의 직위를 배열해야 하는데 관리를 심사 평가하는 방법이 없습니다. 감찰 부서에는 범죄사실을 수사하는 사람이 없습니다. 수비를 맡은 장수는 선발을 거치지 않은 관리인데 전근이 빈번하고 성적을 심사 평가하는 것이 어렵습니다. 큰 소리 치는 무리들이 이 때문에 재간 있는 척을 합니다. 몰래 결탁하고 명망을 빼앗은 사람들은 대부분 지위가 높고 권세가 큰 관직을 얻습니다. 그러나 다른 사람에게 의지하지 않고 직무에 충실한 사람은 오히려 배제와 속박을 당합니다. 그러므로 위아래 관리들은 모두 게으름을 피우고 다만 상사에게 아부를 구할 따름입니다. 비록 능력 있는 사람이 재직하고 있어도 무능한 사람과는 어떤 구별이 없습니다. 농민은 각종 부역에 힘들고 정부의 특별한 구제가 보이지 않고 또 그들을 위하여 전문 관리 부서를 설치하거나 농경지 수리건설에 책임지지 않습니다. 군인 중에는 노약자와 환자

가 섞여있고 정검하거나 훈련시키지 않으며 그들을 위하여 유능한 고급장교를 발탁해서 보내지 않습니다. 그리고 그들은 장기간 주둔하여 병권을 장악합니다. 황제의 근위병에도 악질 고참병과 무뢰한 사람이 있는데, 오대 이래로 그들을 방임한 나쁜 관습을 고치지 못했습니다. 황족과 종친들은 교육과 훈도 및 인재를 선발하는 실질적인 조치를 취하는 것이 부족했습니다. 아울러 선왕이 규정한 존귀하거나 비천한 사람에 대한 접대의 구별원칙에 부합하지 않습니다. 국가의 재정에 이르러서는 대부분 법도가 없기에 황제는 비록 검소하고 절약하여도 백성들은 부유하지 않습니다. 비록 걱정하고 근면하였지만 국가는 결코 강성하지 않습니다. 다행히 외적이 강성하지 않을 시기이고 요임금과 탕임금 시대의 홍수와 가뭄의 재난이 없기에, 천하의 무사태평이 100여 년을 넘었습니다. 이것이 비록 인위적인 노력이라고 하지만 역시 하느님이 도운 것입니다. 송나라 태조부터 영종까지 몇 대가 계속 이어진 것은 모두 위로는 하늘을 경외하고 아래로는 백성을 경외하며 관용을 베풀고 인애를 베풀며, 겸허하고 검소하며 충직하고 성실하시기에 하느님의 보우함을 받은 것입니다.

저는 폐하가 사리에 밝은 자질을 갖추고 영구 무궁한 황제의 전통을 계승하셨다고 생각합니다. 하늘의 보우하심에 항상 의존할 수 없음을 아셔야 하고, 또 세상의 일로 무책임하게 끝까지 끌 수 없음을 아셔야합니다. 충분히 능력을 발휘할 수 있는 때가 바로 지금입니다. 저는 보좌하고 협력하여 처리하는 직책을 감히 마음대로 포기하거나 황제의 禁忌(금기)를 거슬리어 받는 징벌 때문에 도피할 수 없습니다. 제가 무모하게 폐하께 말씀드리는 것을 용서해주시고 저의 의견을 고려해 주시면 이것은 온 천하의 백성들의 행운일 것 입니다. 타당한지 결재를 기다리겠습니다.

◈ 작품 감상 및 분석

송나라 英宗(영종) 治平(치평) 4년(1067)에 36세의 영종이 서거하여 그의 아들 趙頊(조욱) 곧 神宗(신종)이 즉위하였다. 곧 20세의 신종은 나라가 지속적으로 발전하지 않고 답보상태에 있는 정치와 정책에 불만을 가지고, 나라의 발전을 위해 다각도로 고려를 하였다. 태자일 때 왕안석이 문장에 재능이 있다는 소문을 듣고, 즉위 후 왕안석을 江寧府知府(강녕부지부)에 임명하였다. 6개월 후 다시 翰林學士(한림학사)로 전보 발령하였다. 이 문장은 왕안석이 당시 북송 왕조가 장기간에 결쳐 형성된 가난과 쇠약한 현실에서 출발하여 신종을 위하여 역사경험을 총결하고 變法(변법)주장을 천명한 명작이다.

문장의 전반부는 송나라 태조부터 英宗(영종)에 이르는 100여 년간 국내가 태평무사한 상황과 원인을 서술하였다. 작가는 먼저 송나라 건국 이래의 역사를 회고하고 태조가 천하를 통일하고 악정을 개혁한 업적을 신종이 계승해야만 비로소 성과가 있을 것을 암시하였다. 작가는 인종 재위 시 정치 조치의 득실을 전면적으로 분석하였다. 그리하여 후반부에서는 당시 태평세대 상황에서 숨어있는 사회의 위기 현상을 예리하게 분석하여 농민 빈곤문제, 군대의 무력화와 국가재정의 고갈 등을 상세하게 서술하였다. 이어 변법개혁의 필요성을 설명하고 현실정치에 대한 관찰과 깨어있는 인식의 각성을 촉구하였다. 아울러 그의 변법으로 봉건제도에서 개혁을 할 수 있고, 나아가 송 왕조 통치를 공고할 수 있다고 주장하였다. 이 작품을 발표한 다음 해에 변법운동이 시작되었다.

문장조직은 치밀하고 논리가 정연하며, 설득력이 있는데 왕안석 政論文(정논문) 대표작의 하나이다.

伯夷

事有出於千世之前, 聖賢辯之甚詳而明, 然後世不深考之, 因以偏見獨識, 遂以爲說, 旣失其本, 而學士大夫共守之不爲變者, 蓋有之矣. 伯夷是已.

夫伯夷, 古之論有孔子、孟子焉. 以孔、孟之可信, 而又辯之反復不一, 是愈益可信也. 孔子曰: "不念舊惡, 求仁而得仁, 餓於首陽之下, 逸民也[1]." 孟子曰: "伯夷非其君不事, 不立惡人之朝, 避紂居北海之濱, 目不視惡色, 不事不肖, 百世之師也[2]."

---

1) 逸民(일민): 학문과 덕행이 있으나 세상에 나서지 않고 은거하는 사람. 《論語·公冶長》: "伯夷、叔齊不念舊惡, 怨是用希."; 《論語·述而》: "伯夷、叔齊……求仁而得人."; 《論語·季氏》: "伯夷、叔齊餓於首陽之下, 民到於今稱之"; 《論語·微子》: "逸民: 伯夷、叔齊"

2) 《孟子·公孫丑》: "伯夷非其君不事, 非其友不友. 不立於惡人之朝, 不故孔、孟皆以伯夷遭紂之惡, 不念以怨[3], 不忍事之[4], 以求其仁, 餓而避, 不自降辱[5], 以待天下之淸, 而號爲聖人耳[6]. 然則司馬遷以爲武王伐紂, 伯夷叩馬而諫, 天下宗周, 而恥之, 義不食周粟, 而爲〈采薇之歌〉[7]; 韓子因之, 亦爲之頌, 以爲微二子, 亂臣賊子接迹於後世[8]. 是大不然也.

夫商衰而紂以不仁殘天下, 天下孰不病紂[9]? 而尤者, 伯夷也. 甞與太公聞西伯善養老, 則往歸焉[10].

與惡人言"; 《孟子·離婁上》: "伯夷辟紂, 居北海之濱."; 《孟子·萬章下》: "伯夷目不視惡色, 耳不聽惡聲"; 《孟子·告子下》: "不以賢事不肖者, 伯夷也."; 《孟子·公孫丑》: "聖人, 百世之師也, 伯夷、柳下惠是也."

3) 不念以怨(불념이원): "不念舊惡, 怨是用希"의 생략. 惡(오): 증오하다. 希(희): 드물다.

4) 事(사): 섬기다. 之(지): 周武王(주무왕).

5) 不自降辱(불자강욕): 《論語·微子》: "不降其志, 不辱其身."

6) 《孟子·萬章下》: "伯夷, ……當紂之時, 居北海之濱, 以待天下之淸也."; "伯夷, 聖之淸者也."

7) 司馬遷의 《史記·伯夷列傳》에 나오는 문장.

8) 接迹(접적): 이어서 일어나다. 앞의 문장은 韓愈(한유)의 〈伯夷頌〉에서 인용. "若伯夷者. 特立獨行, 窮天地, 亘萬世而不顧者也. 雖然, 微二子, 亂臣賊子接迹於後世矣." 微(미): 아니다. 二子(이자): 伯夷(백이)와 叔齊(숙제).

9) 病(병): 질책하다.

10) 《孟子·離婁下》: "伯夷辟紂, 居北海之濱. 聞文王作, 興曰: '盍歸乎來! 吾聞西伯善養老者.' " 《史記·伯夷列傳》: "伯夷、叔齊聞西伯昌善養老, 盍往歸焉." 西伯(서백): 周(주)나라 文王(문왕)으로 성은 姬(희), 이름은 昌(창)으로 商(상)나라 周族(주족)의 우두머리로 西伯(서백)을 통치하였기에 西伯昌(서백창)이라고 한다. 太公(태공): 姜太公

當是之時, 欲夷紂者[11], 二人之心豈有異邪? 及武王一奮, 太公相之, 遂出元元於塗炭之中[12], 伯夷乃不與, 何哉? 蓋二老, 所謂天下之大老[13], 行年八十餘[14], 而春秋固已高矣[15]. 自海濱而趨文王之都, 計亦數千里之遠. 文王之興, 以至武王之世, 歲亦不下十數[16]. 豈伯夷欲歸西伯而志不遂[17], 乃死於北海邪? 抑來而死於道路邪? 抑其至文王之都[18], 而不足以及武王之世而死邪? 如是而言伯夷, 其亦理有不存者也.

且武王倡大義於天下[19], 太公相而成之, 而獨以爲非, 豈伯夷乎? 天下之道二, 仁與不仁也. 紂之爲君, 不仁也. 武王之爲君, 仁也. 伯夷固不事

(강태공)으로 주나라 때 齊國(제국)의 시조. 周(주)나라 武王(무왕)을 도와 건국에 공로가 많아 齊國(제국)에 봉하였다.

11) 夷(이): 살륙하다.

12) 元元(원원): 백성.

13) 大老(대노): 원로. 나이가 많고 덕이 많이 사람.

14) 行年(행년): 겪은 나이.

15) 春秋(춘추): 나이.

16) 歲不下十數(세불하십수): 십년 보다 적지 않다. 주나라 武王(무왕) 재위 11년에 商(상)나라를 멸망하였다.

17) 遂(수): 성공하다.

18) 抑(억): 或者(혹자).

19) 且(차): 夫(부).

不仁之紂, 以待仁而後出. 武王之仁焉, 又不事之, 則伯夷何處乎[20]? 余故曰聖賢辯之甚明, 而後世偏見獨識者之失其本也. 嗚呼, 使伯夷之不死, 以及武王之時, 其烈豈減太公哉[21]!

◈ 백이 번역

사건은 천세 이전에 나온 것으로 성인이 이것을 판별하여 분석한 것이 매우 자세하고 분명하였다. 그러나 후세 사람들이 깊이 따져보지 않고 편견과 개인적인 견해로 이를 설명하여 이미 그 본질을 잃어버렸다. 그러나 學士(학사)와 대부들은 모두 이 이론을 지키면서 바꾸지 않은 것이 있으니 백이에 대한 견해가 바로 이것이다.

백이에 대하여 옛날에 의론한 분으로는 공자와 맹자가 있는데, 공자와 맹자의 말씀은 신뢰할 수 있다. 또 이분들이 반복하여 설명하신 것이 한 두 번이 아니어서 더욱 신뢰할 수 있게 되었다. 공자가 말씀하시기를: "백이는 과거의 원수를 마음에 새기지 않았다.", "인을 추구하여 인을 얻었다.", "수양산 아래에서 굶어 죽었다.", "학문과 덕행이 있으나 세상에

20) 處(처): 결단하다.
21) 烈(열): 공적.

나가지 않고 은거하는 사람이다." 라고 하였다. 맹자가 말씀하시기를: "백이는 자기가 섬길만한 임금이 아니면 섬기지 않았고 악인이 다스리는 조정에서는 벼슬하지 않았다.", "紂(주)왕을 피하여 북해의 바닷가에서 살았다.", "눈으로는 나쁜 色(색)을 보지 않았다.", "현명하지 않은 사람은 섬기지 않았다.", "百代(백대)의 스승이다."라고 하였다. 그러므로 공자와 맹자는 모두 백이가 주왕의 악정을 만났으나 이를 원망하는 생각을 가지지 않았다고 여겼다. 周武王(주무왕)을 섬길 수 없고, 仁(인)을 구하기 위해 굶주리면서도 악을 피하였다. 스스로 몸을 굽히거나 욕된 일을 당하지 않고 천하가 맑아지기를 기다렸으니 그를 성인이라고 부르는 것이다. 그러나 사마천은 오히려 무왕이 紂(주)왕을 칠 때에 백이가 무왕의 말 고삐를 잡고 간언하였다고 하였다. 천하가 주나라를 받들자 이를 부끄럽게 여겨서 忠義(충의)를 지키며 주나라의 곡식을 먹지 않고 〈采薇之歌〉(채미지가)를 부르며 굶어 죽었다고 하였다. 한유가 이것을 그대로 좇아 역시 백이를 위해 頌(송)을 지어서 二子(이자)(백이와 숙제)가 없으면 반란을 일으키는 신하와 부모를 해치는 자식이 후세에 연이어 나타났을 것이라고 여겼다. 그러나 이런 견해들은 크게 잘못된 것이다. 商(상)나라가 쇠미해지면서 紂王(주왕)이 不仁(불인)하고 잔인한 행위로 천하를 해치니 천하사람 가운데 누구라도 주왕을 질책하지 않았겠는가? 더욱 심하게 질책한 사람이 백이여서, 일찍이 太公(태공)과 함께 西伯(서백)이 노인들을 잘 봉양한다는 말을 듣고 찾아가 귀순하려 하였다. 이때를 당하여 주왕을 토벌하고자 하였던 두 사람의 마음이 어찌 달랐겠는가? 무왕이 한번 분연히 군사를 일으키자 태공은 그를 도와 드디어 백성들을 도탄 가운데서 구출하였으나 백이는 이에 참여하지 않았으니 무슨 까닭인가? 이때에 백이와 태공 두 노인은 천하에 덕망이 높은 원로로서 연세가 80여 세였으니 나이가 본래 이미 많았다. 바닷가에서 문왕이 흥기한 이후 문왕이 다스리는 도읍까지는 헤아려 보건데 또한 수 천리의 먼 거리였고, 문왕이 흥기한 이후 무왕의 시대에 이르기까지는 세월이 또한 십여 년 보다는 적지 않았다. 어쩌면 백이가 서백에게 돌아가고자 하였으나 뜻을 이루지 못하고 북해 바닷가에서 사망한 것이었을까? 혹은 문왕을 찾아오다가 도로에서 객사한 것이었을까? 아니면 문왕이 다스리는 도읍에 이르기는 하였으나 무왕의 시대에는 이르지 못하고 사망한 것이었을까? 백이에 대하여 이와 같이 말한다면, 또한 이치상 무왕이 주를 칠 때에는 백이가 생존해 있지 않았다고 보아야 할 것이다.

무왕이 천하에서 대의를 표명하자 태공이 보좌하여 이를 이루었는데 혼자서 이를 그르다고 하였다면 어찌 백이라 할 수 있겠는가? 천하의 도는 두 가지가 있으니 바로 仁(인)과 不仁(불인)이다. 주왕이 군주 노릇하는 것은 不仁(불인)이고, 무왕이 군주 노릇하는 것은 仁(인)이다. 백이는 본래 불인한 주왕을 섬기지 않고 仁(인)한 군주를 기다린 이후에 세상에 나오려고 하였다. 무왕이 인을 행하는데도 그를 섬기지 않았으니, 그렇다면 백이는 어떻게 결단했는가? 나는 그러므로 성현들이 매우 분명하게 설명해놓았는데 후세에 편견을 가지고 독단하는 사람들이 그 근본을 잃었다고 말하는 것이다. 아! 가령 백이가 죽지 않아서 무왕의 시대까지 살았다면, 그 공적이 어찌 태공만 못하였겠는가!

◈ 작품 감상 및 분석

백이는 중국 고대 추앙받는 위인으로, 공자와 맹자, 사마천, 한유 등이 높이 평가하였다. 역대 전하는 사적은 《史記·伯夷列傳》에 있는데 그 내용은 다음과 같다. 백이는 商(상)나라 제후 孤竹君(고죽군)의 장자로 고죽군은 백이의 동생 叔齊(숙제)에게 왕위를 계승하려고 하였다. 고죽군이 사망한 후 숙제는 형 백이에게 讓位(양위)하려고 했으나 백이는 받지 않아 형제는 같이 西伯(서백)에게로 갔지만 서백은 이미 죽은 뒤이었다. 그의 아들 周(주)나라 武王(무왕)이 군사를 일으켜, 상나라 왕 紂(주)를 토벌할 때, 백이 형제는 말을 저지하고 諫(간) 하였지만 소용이 없었다. 이에 백이와 숙제는 주나라 음식을 먹지 않으려고 수양산에 가서 굶어죽었다.

한유가 〈伯夷頌〉을 지어 난리를 피해 몸을 정결케 하는 은사의 모습으로 묘사하였다.

왕안석은 사마천과 한유의 견해와 달리 《맹자》에 기재되어 있는 백이가 서백을 찾아간 내용을 근거로 새로운 가설을 제시하였다. 백이가 서백을 찾아갔을 때 나이는 이미 80세가 넘어서 천리나 되는 길을 가야하고, 거의 10년 후 주나라 무왕이 주왕을 토벌할 때 백이는 이미 죽었을 것이다. 이 때문에 무왕이 주왕을 토벌하는 위업에 참여하지 못한 것이다. 왕안석은 성인으로써 백이는 마땅히 무도한 주왕을 섬기지 않았기에 공자와 맹자가 백이를 칭찬하지 않을 수 없다고 여겼다.

왕안석은 백이가 주나라 문왕을 찾아간 것을 근거로 이러한 가설을 설정하였지만 역사적으로 근거가 없는 것이다. 왕안석이 정치가로써 은둔자와 "獨善其食"을 원하지 않았고 仁君(인군)을 보좌하고 偉業(위업) 세우는 것을 희망하였기에 이와 같은 가설로 표출한 것 같다.

太古

太古之人, 不與禽獸朋也幾何[1], 聖人惡之也[2], 製作焉以別之[3]. 下而戾於後世[4], 侈裳衣[5], 壯宮室[6], 隆耳目之觀[7], 以囂天下[8], 君臣、父子、兄弟、夫婦皆不得其所當然, 仁義不足澤其性[9], 禮樂不足錮其情[10], 刑政不足網其惡[11], 蕩然復與禽獸朋矣[12].

---

1) 朋(붕): 같다. 幾何(기하): 얼마.
2) 惡(오): 미워하다.
3) 製作(제작): 발명하다. 고대 전설에 伏羲氏(복희씨)와 神農氏(신농씨)는 고기를 잡는 것과 농사짓는 법을 발명하였다.
4) 戾(려): 도달하다.
5) 侈(치): 사치하다. 裳衣(상의): 고대에 웃옷은 "衣"(의), 아랫 옷은 "裳"(상)이라 하였다.
6) 壯(장): 화려하고 훌륭하다.
7) 隆(륭): 많다. 여기서는 마음껏 하다. 觀(관): 보면서 즐기다.
8) 囂(효): 시끄럽다. 어지럽히다.
9) 澤(택): 윤택하다. 감화하다.

聖人不作[13], 昧者不識所以化之之術[14], 顧引而歸之太古[15]. 太古之道果可行之萬世, 聖人惡用制作於其間[16]? 必制作於其間, 爲太古之不可行也[17]. 顧欲引而歸之, 是去禽獸而之禽獸[18], 奚補於化哉[19]? 吾以爲識治亂者, 當言所以化之之術. 曰歸之太古, 非愚則誣[20].

◈ 태고 번역

태고시대의 사람은 짐승과 같지 않은 것이 얼마 없다. 성인은 이러한 상황을 미워하여 이에 사람과 짐승을 구별하는 것을 발명하였다. 후대에 이르러 사람들은 의복을 사치스럽게, 궁전을 웅장하게 하고 가무와 여색을 마음껏 즐겼다. 이

---

10) 錮(고): 가두다. 규제하다.
11) 網(망): 속박하다. 제약하다.
12) 蕩然(탕연): 행위가 제멋대로 인 모양.
13) 作(작): 출현하다.
14) 昧者(매자): 어리석은 사람.
15) 顧(고): 오히려.
16) 惡(오): 어찌.
17) 爲(위): 因爲, 때문에.
18) 去(거): 떠나다. 之(지): 가다.
19) 奚(해): 어찌. 補(보): 돕다.
20) 誣(무): 허튼소리를 하다. 속이다.

것으로써 천하를 어지럽혀 군신, 부자, 형제, 부부간의 관계는 모두 당연히 처리해야 할 도리가 없다. 인의는 그들의 본성을 감화할 수 없고, 예악은 그들의 감정을 규제할 수 없으며 형법과 政令(정령)은 그들의 악행을 구속할 수 없었다. 또 방탕하여 금수와 같았다. 성인이 흥기하지 않고, 우매한 사람은 어떻게 백성을 교화하는 방법을 알지 못하고 오히려 사회를 고대 시대로 되돌렸다. 태고 시대의 방법이 과연 정말로 만대에 시행할 수 있다면 성인이 어떻게 그곳에서 창조하고 발명할 수 있는가? 사회를 태고시대로 돌아가지 않게 하려면 인류를 금수의 행렬에서 떼어놓아야 하는데 또 금수에 돌아가면 어찌 백성을 교화하는데 도움이 되겠는가? 난리 다스리는 방법을 아는 사람은 응당 어떻게 백성을 교화하는지 방법을 아는 사람이라고 생각한다. 태고시대로 돌아가려고 하는 것은 어리석은 것이 아니면 곧 속이는 것이다.

◈ 작품 감상 및 분석

태고는 곧 먼 옛날이라는 의미이다. 왕안석은 본문에서 인류사회는 부단히 발전 변화한다는 관점에 입각하여 태고의 사람과 금수는 차이가 많이 나지 않아, 성인의 교화를 통해야 비로소 구별할 수 있다고 하였다. 그러나 "昧者"는 복고를 주장하는데 이것은 사람들이 다시 금수와 가까이 되는 것이라 여겼다. 이 때문에 난리를 다스리는 것은 "當言所以化之之術"이며, 곧 백성 교화하는 방법을 탐구하는데 있는 것이다. 따라서 복고나 후퇴를 할 수 없기에 복고를 주장하는 것은 "非愚則誣"인 것이다.

본문은 이백 자가 안 되지만 간결하고 날카로운 의론 단문으로 정곡을 꼭 찌르는 논리적인 문장이다. 본문에서는 복고 사상을 비판하고 정치혁신의 요구를 명확하게 표출하였다.

興賢

國以任賢使能而興[1], 棄賢專己而衰[2]. 此二者. 必然之勢[3], 古今之通義[4], 流俗所共知耳. 何治安之世有之而能興[5], 昏亂之世雖有之亦不興, 蓋用之與不用之謂矣. 有賢而用, 國之福也; 有之而不用, 猶無有也. 商之興也有仲虺、伊尹[6], 其衰也亦有三仁[7].

---

1) 任賢使能(임현사능): 賢能한 선비를 임용하다. 賢(현): 덕행이 뛰어나다. 能(능): 재간이 뛰어나다.

2) 專己(전기): 혼자서 독단적으로 결정하다.

3) 勢(세): 추세.

4) 通義(통의): 일반적인 도리와 법칙에 적용하다.

5) 治安(치안): 안정되게 다스리다. 다음 문장의 "昏亂"(혼란)과 상반되는 뜻.

6) 仲虺(중훼): 商(상)나라 때 좌의정. 伊尹(이윤): 이름은 摯(지), 상나라 때 어진 재상으로 湯(탕)을 도와 夏(하)나라를 멸망하고 상나라를 건립하였다.

7) 三仁(삼인): 상나라 말년에 3명의 현인인 微子(미자), 箕子(기자), 比干

周之興也同心者十人[8]，其衰也亦有祭公謀父、內史過[9]. 兩漢之興也有蕭、曹、寇、鄧之徒[10]，其衰也亦有王嘉、傅喜、陳蕃、李固之衆[11]. 魏晉而下，至

(비간). 미자는 상나라 紂王(주왕)의 異腹兄(이복형)으로 상나라가 멸망할 때 주왕에게 여러 번 간언을 하였으나 주왕이 받아들이지 않자, 祭器(제기)를 들고 상나라를 떠났다. 기자는 주왕의 숙부로 箕(기)(山西省 太谷)에 봉해졌다. 여러 번 주왕에게 간언하였으나 주왕은 듣지 않고 오히려 감옥에 가두었다. 周武王(주무왕)이 상나라를 멸망한 후에야 석방되었다. 일설에는 간언해도 소용이 없자 머리를 풀고 미친 척하여 노예로 전락하였다함. 비간은 주왕의 숙부로, 여러 번 간언하였다가 주왕이 비간의 심장을 도려내어서 죽였다.

8) 同心者十人(동심자십인): 《尙書·泰誓》 : "予有亂臣十人, 同心同德." 亂(난): 治(치), 다스리다. 亂臣(난신): 국가를 다스리는 어진 신하. 十人(십인): 周公旦(주공단), 召公奭(소공석), 太公望(태공망), 畢公(필공). 榮公(영공), 太顚(태전), 閎夭(굉요), 散宜生(산의생), 南宮适(남궁괄), 文母(문모) 등 10인.

9) 祭公謀父(제공모보): 祭國公(제국공), 이름은 謀父(모보), 주나라 卿士(경사)로 周穆王(주목왕)이 정사를 돌보지 않고 천하를 주유하자 〈祈招〉를 지어 간하여 죽음의 화를 면하였다. 內史過(내사과): 주나라 대부.

10) 兩漢(양한): 西漢(서한)과 東漢(동한). 蕭(소): 蕭何(소하)로 劉邦(유방)을 도와 秦(진)나라를 멸망하고 漢(한)나라를 건국하여 그 공로로 재상이 되었다. 曹(조): 曹參(조참), 개국공신으로 소하의 후임으로 재상이 되었다. 寇(구): 寇恂(구순)으로 劉秀(유수)를 도와 東漢(동한)을 건국한 개국공신이다. 鄧(등): 鄧禹(등우)로 유수를 보좌하여 동한을 건립한 특등 개국공신이다.

11) 王嘉(왕가): 서한 哀帝(애제) 때 강직한 재상으로, 哀帝(애제)가 간신인 董賢(동현)에게 추가로 관직부여하자, 이에 정면으로 반대하여 투옥되었다. 옥중에서 금식하여 죽었다. 傅喜(부희): 서한 애제 때 右將軍(우장군)으로 傅太后(부태후)가 정치에 참여하여 전횡하자 수차례 간언하다가 결국 면직되었다. 陳番(진번): 동한 靈帝(영제) 때 太傅(태부)로, 당시 竇太后(두태후)가 정치에 참여하였다. 그는 계부인 대장군 竇武共(두무공)과 같이 정사에 참여하였는데, 정직하고 의기충

於李唐[12], 不可徧擧, 然其間興衰之世, 亦皆同也. 由此觀之, 有賢而用之者, 國之福也; 有之而不用, 猶無有也, 可不愼歟?

今猶古也, 今之天下亦古之天下[13], 今之士民亦古之士民. 古雖擾攘之際[14], 猶有賢能若是之衆[15], 況今太寧[16], 豈曰無之? 在君上用之而已. 博詢衆庶[17], 則才能者進矣; 不有忌諱, 則讜直之路開矣[18]; 不邇小人[19], 則讒諛者自遠矣[20]; 不拘文牽俗[21], 則守職者辨治矣[22]; 不責人以細過[23], 則能吏之志得

전하여 계부와 같이 환관 曹節(조절) 등을 제거하였다. 그러나 조절에 의하여 죽임을 당하였다. 李固(이고): 동한 順帝(순제) 때 大司農(대사농)으로 강직하고 정직한 인물이다. 桓帝(환제) 때 외척 梁冀(양기)에 의해 살해되었다.

12) 李唐(이당): 당나라. 당나라 통치자가 李氏(이씨)이므로 "이당"이라고도 함.

13) 今之天下(금지천하):《漢書·董仲舒傳》: "夫古之天下亦今之天下, 今之天下亦古之天下."

14) 擾攘(요양): 혼잡하고 어수선하다.

15) 若是(약시): 如此, 이와 같이.

16) 太寧(태녕): 太平(태평). 擾攘(요양)과 상반된 단어.

17) 詢(순): 방문하다. 衆庶(중서): 衆人. 많은 사람.

18) 讜直之路(당직지로): 충직하고 감히 간언하는 言路(언로). 讜(당):직언.

19) 邇(이): 가까이 하다.

20) 讒諛者(참유자): 참소하고 아첨하는 사람.

21) 拘文牽俗(구문견속): 기존 풍속의 견제를 받다.

22) 辨治(변치): 시비를 분명하게 판별하여 조금도 의심 없이 일을 처리하다.

23) 細過(세과): 작은 잘못.

以盡其効矣[24]. 苟行此道[25], 則何慮不跨兩漢軼三代[26], 然後踐五帝、三皇之塗哉[27]?

◈ 흥현 번역

국가가 어질고 재능 있는 선비를 임용하여서 흥성하였다. 어질고 능력 있는 선비를 버리고 혼자서 전행하고 독단적으로 결정하였기에 쇠락하였다. 이 두 가지는 필연적인 추세이고 고금에 적용되는 이치이며 생각이 보통인 사람도 모두 아는 것이다. 어찌 안정되게 다스려지는 시대에는 현능한 선비가 있어 흥성할 수 있고, 혼란한 시대는 비록 현능한 선비가 있어도 흥성할 수 없는 것인가? 이것은 나라를 다스리는데 현인을 임용하고 난세에는 현인을 버린 까닭이다. 현능한 선비가 있어 등용할 수 있으면 이것은 국가의 행운이다. 유능한 선비가 오히려 임용이 될 수 없는 것은 마치 없는 것과 같은 것이다. 商(상)나라가 흥성할 때에는 仲虺(중훼)와 伊尹(이윤)이 있었고, 상나라가 쇠락할 때에도 역시 3인의 仁人

24) 効(효): 효율.
25) 苟(구): 만약.
26) 軼(일): 뛰어넘다. 三代(삼대): 夏(하)·殷(은)·周(주).
27) 踐(천): 이르다. 五帝(오제): 전설 속의 5명의 帝王(제왕). 《史記·五帝本紀》: "黃帝(황제)·顓頊(전욱)·帝嚳(제곡)·唐堯(당요)·虞舜(우순)." 삼황(삼황): 전설 속의 3명의 皇帝(황제). 《尙書·大傳》: "燧人(수인)·伏羲(복희)·神農(신농)." 塗(도): 도로. 본문에서는 경지.

(인인)이 있었다. 주나라가 흥성할 때에는 한마음 한뜻이 되는 신하가 10명이 있었고, 쇠락할 때에도 역시 祭公謀父(제공모보)와 內史過(내사과)가 있었다. 兩漢(양한)이 흥성할 때는 蕭何(소하), 曺參(조참), 寇恂(구순), 鄧禹(등우) 등이 있었고, 쇠락할 때에도 역시 王嘉(왕가), 傅熙(부희), 陳蕃(진번), 李固(이고) 등이 있었다. 魏晉(위진)에서 唐(당)나라에 이르기까지 일일이 열거할 수 없으나 이 기간에 흥성하거나 쇠락할 때 상황은 모두 같다. 이로써 보면 현능한 선비가 등용할 수 있으면 이것은 국가의 복이고, 유능한 선비가 오히려 임용될 수 없으면 마치 없는 것과 같은데, 이에 대하여 신중하지 않을 수 있겠는가?

현재도 고대와 같고, 지금의 천하도 고대의 천하와 같다. 현재의 선비와 백성도 옛날의 선비 및 백성과 같다. 옛날에 비록 혼잡하고 어수선 할 때도 오히려 이와 같이 현능한 선비가 많았는데 하물며 현재는 태평한데도 어찌 현능한 선비가 없다고 말할 수 있느냐? 임금이 그들을 등용할 따름이다. 임금은 넓게 많은 사람의 의견을 구하고 그러면 능력 있는 사람을 등용할 수 있을 것이다. 어떤 금기하는 것이 없으면 충직하고 간언하는 언로가 열린다. 소인을 가까이 하지 않으면 아첨하는 사람도 자연히 멀어진다. 기존 풍속의 속박을 받지 않으면 직무에 충실한 관리는 조금도 의심 없이 일을 처리할 수 있다. 작은 과실로 사람을 책망하지 않으면 재능이 있는 관리의 뜻은 완전히 실현할 수 있다. 만약 이런 방법을 행하면 어찌 兩漢(양한)과 三代(삼대)를 뛰어 넘는 사업을 실현할 수 없고, 오제 삼황 때 큰 다스림의 경지를 이룰 수 없음을 걱정하겠는가?

◈ 작품 감상 및 분석

興賢(홍현)은 어질고 유능한 선비를 기용하는 것으로, 문장 서두에 "國以任賢使能而興,棄賢專己而衰"이라 하여 "任賢"(임현)과 "棄賢"(기현)이 국가 흥망성쇠에 밀접한 관계가 있음을 설명하고 있다. 상나라, 주나라 및 당나라의 역사적 사실을 인용하여 어질고 유능한 선비 기용을 설파하였다. "治安的世"와 "昏亂之世"에 모두 많은 유능한 선비가 있었지만 문제는 통치자의 등용 여부에 달려있는 것이다. 곧 "有賢而用, 國之福也; 有之而不用, 猶無有也."로 능력있는 선비는 어느 때나 있지만 등용하지 않으면 마치 없는 것과 같은 것이다. 이것이 본문에서 강조하는 핵심 논점이다. 왕안석은 "博詢衆庶", "不有忌諱", "不邇小人", "不拘文牽俗", "不責人以細過"의 5개 요점으로 유능한 선비를 발견하고 등용할 방법을 제시하였다. 또한 그들의 재능을 충분히 발견할 수 있으면 국가는 五帝(오제)와 三皇(삼황) 시대의 경지에 이룰 수 있는 것이다.

문장 전반부는 "古"를 논하면서 역사적 사실을 중시하였고 후반부는 "今"을 논하면서 구체적인 선비등용 방법을 제의하였다. 옛것으로 지금을 논증하며 언어가 명쾌하고 또한 역사와 議政(의정)을 결합하여 설득력을 강화시켰다.

知人

貪人廉[1], 淫人潔[2], 佞人直[3], 非終然也[4], 規有濟焉爾[5]. 王莽拜侯[6], 讓印不受; 假僭皇命[7], 得璽而喜, 以廉濟貪者也. 晉王廣求爲冢嗣[8], 管弦遏

1) 廉(렴): 청렴하다.
2) 淫人(음인): 방탕한 사람. 潔(결): 순결하다.
3) 佞人(영인): 아첨하는 사람. 直(직): 정직하다.
4) 終然(종연): 영원한 모양.
5) 規(규): 모방하다. 본문에서는 위장하다. 濟(제): 성공하다. 焉爾(언이): 뿐이다.
6) 王莽(왕망): 자는 巨君(거군), 西漢(서한) 元帝(원제) 황후의 조카. 서한 말 외척들이 정권을 장악하자 元始(원시) 5년(서기 5년)에 平帝(평제)를 독살하고 먼저 황제 대리를 자칭하였다. 서기 8년에 新(신)이라는 나라를 건국하였으나 서기 23년에 농민들이 반란을 일으켜 新(신) 왕조는 붕괴되고 왕망은 피살되었다.
7) 假僭皇命(가참황명): 황제의 명령을 사칭하였다. 참(僭): 참람하다, 분수에 넘쳐 임금의 지위를 넘보다.
8) 晉王廣(진왕광): 隋(수)나라 煬帝(양제) 楊廣(양광)으로 隋文帝(수문제) 楊堅(양견)의 차남. 수나라가 건국되자 晉王(진왕)으로 봉해졌다.

密[9], 塵埃被之; 陪扆未幾[10], 而聲色喪邦[11], 以潔濟淫者也. 鄭注開陳治道[12], 激昂顔辭[13], 君民翕然[14], 倚以致平[15], 卒用姦敗[16], 以直濟佞者也. 於戲[17]! "知人則哲, 惟帝其難之![18]" 古今一也.

開皇(개황) 20년(600)에 태자로 책봉되고 仁壽(인수) 4년(604)에 즉위하였다. 즉위 후 과다한 병역 및 세금징수로 민심이 흉흉하였는데도 방탕한 생활을 하였다. 이에 大業(대업) 7년에 대규모 농민봉기가 일어나서 신하에게 목 졸려 죽었다. 곧이어 수나라도 멸망하였다. 冢嗣(총사): 고대 종법제도에서는 嫡長子(적장자)를 冢子(총자)라 하였는데 여기서는 太子(태자)를 일컫는다. 수문제는 원래 큰아들 楊勇(양용)을 태자로 옹립하였으나 양광과 대신들이 결탁하여 母后(모후)의 환심을 얻었다. 文帝(문제)는 讒言(참언)을 듣고 태자 勇(용)을 폐하고 차남 양광을 태자로 세웠다. 양광은 즉위 후 형을 죽였다.

9) 管絃(관현):《隋書·煬帝紀》에 의하면 양광은 태자가 되기 위해 의도적으로 위장하여 文帝(문제)와 母后(모후)의 환심을 얻었다. 문제는 양광의 거처에 가서 악기의 줄이 끊어지고 먼지가 쌓인 것을 친히 보고 가무와 여색을 좋아하지 않는다고 여겼다. 遏密(알밀): 오락을 정지하다.

10) 陪扆(배의): 황제의 자리. 扆(의): 병풍, 천자가 제후를 만난 때 병풍을 뒤에 펼쳐 놓고 앉아있었기에, "扆"(의)는 "황제의 자리"라고도 한다. 未幾(미기): 머지않아.

11) 聲色(성색): 歌舞(가무)와 女色(여색). 喪邦(상방): 亡國(망국).

12) 鄭注(정주): 당나라 대신으로 의술이 뛰어났는데, 환관 王守澄(왕수징)의 추천으로 唐文宗(당문종)의 신임을 얻었다. 大和(대화) 9년(835) 재상 李訓(이훈) 등과 함께 환관세력을 제거하려고 했으나 비밀이 누설되어 도리어 피살되었다.

13) 激昂顔辭(격앙안사): 언어와 표정이 모두 격양되고 기개가 있다. 顔(안): 얼굴표정.

14) 翕然(흡연): 협조하는 모양. 異口同聲(이구동성)을 형용하는 말.

15) 致平(치평): 태평에 이르다.

16) 姦(간): 사악하다.

17) 於戲(어희): 오호.

◈ 지인 번역

탐욕스런 사람이 청렴한 척하고 방탕한 사람이 순결한 척한다. 아첨하는 사람이 정직한 척하는데 그들은 영원히 이럴 수는 없다. 단지 가장함으로써 모종의 목적에 도달할 뿐이다. 王莽(왕망)이 封侯(봉후)때 겸손한 척하고 관직을 받지 않았다. 나중에는 황제의 명령을 사칭하여 황제의 옥쇄를 속여 빼앗고 득의양양하였다. 이것은 청렴을 가장하여 탐욕 목적을 이루는 사람이다. 晉王(진왕) 楊廣(양광)은 태자가 되고 싶어서 일체의 오락을 중지하여 관현악기에 먼지가 쌓였다. 즉위 후 오래 지나지 않아서 가무와 여색에 빠져서 나라를 망하게 하였다. 이는 순수를 가장하여 방탕함에 이르는 사람이다. 鄭注(정주)는 국가를 다스리는 방법을 발표하고 설명하는데 언어와 표정이 모두 격양되고 비분함이 있었다. 그리하여 君民(군민)이 일치하여 협력하였고 모두 그에 의하여 국가가 태평하기를 희망하였다. 그러나 결과는 오히려 간교함을 이용하였기에 실패하였다. 이들이 정직을 위장하고 아첨하여서 목적을 이룬 사람이다. 아! "진정 사람 됨됨이를 알아보는 것은 지혜로운 것인데 이것은 요임금조차도 어려운 것이었다." 옛날부터 지금까지 모두 같구나.

---

18) 知人(지인): 《尙書·皐陶謨》: "禹曰: '吁! 咸若時, 惟帝其難之. 知人卽哲, 能官人.'" 哲(철): 聖哲. 帝(제): 요임금. 총명하고 사리에 밝은 사람.

◈ 작품 감상 및 분석

知人(지인)은 사람 됨됨이를 잘 알아보는 것으로, 왕안석은 이 단문에서 왕망과 양광, 정주 등 세 명의 역사인물의 사적으로 예를 들어 설명하였다. 그리하여 "貪人廉, 淫人潔, 佞人直, 非終然也, 規有濟焉爾."의 논점을 논증하였다. 곧 위장으로 잠시 목적을 이룰 수 있지만 음모는 마침내 반드시 폭로된다는 것을 강조했다. 또 《尙書》의 "知人則哲"의 관점을 인용하여 知人(지인)은 옛날부터 지금까지 어려운 일임을 피력하고 지인의 중요성을 강조하였다. 본문에서는 고금의 기회주의자의 공동 특징을 폭로하였는데, 지금 시각으로도 교훈적인 면모가 있다.

문장은 120자에 불과하지만 구도가 정연하다. 먼저 논점을 이야기하고 계속하여 역사적 사실을 인용하여 논점을 증거하였는데 언어는 간결하고 의미심장하다.

讀孟嘗君傳

世皆稱孟嘗君能得士[1], 士以故歸之[2], 而卒賴其力以脫於虎豹之秦[3]. 嗟乎[4]! 孟嘗君特鷄鳴狗盜之雄耳[5], 豈足以言得士? 不然, 擅齊之强[6], 得一

1) 孟嘗君(맹상군): 田文(전문)으로 戰國時代(전국시대) 齊(제)나라 재상 田嬰(전영)의 서자로 薛(설)(현 산동성 騰縣(등현)에 봉해졌고 호는 맹상군이다. 得士(득사): 선비의 환심을 얻다.《史記·孟嘗君列傳》에 의하면 맹상군은 그의 封地(봉지)에 食客(식객) 3천 명이 모였는데, 귀천에 상관없이 동등하게 대접하였다고 한다.
2) 以故(이고): 이러한 까닭으로. 歸(귀): 찾아가다. 의탁하다. 之(지): 맹상군.
3) 卒(졸): 마침내. 脫(탈): 벗어나다. 虎豹(호표): 흉악한 것을 형용.
4) 嗟乎(차호): 감탄사.
5) 特(특): 다만. 鷄鳴狗盜(계명구도):《史記·孟嘗君列傳》에 의거하면 秦昭王(진소왕)은 맹상군이 매우 현명하고 능력이 있음을 듣고, 그에게 재상을 시켜준다고 진나라로 유인하고서, 결국 감옥에 가두었다. 맹상군은 진소왕이 총애하는 여인에게 다가가 구언을 요청하였으나 그녀는 대가로 뜻밖에 狐白裘(호백구)를 요구하였다. 호백구는 千金(천금) 가치의 귀한 모피 옷인데 맹상군이 이미 진소왕에 선물하여 秦宮(진궁)에 있었다. 맹상군 식객 중에는 개구멍을 잘 뚫는 이가 있어 깊은 밤에 秦宮(진

士焉，宜可以南面而制秦[7)]，尙何取鷄鳴狗盜之力哉[8)]? 夫鷄鳴狗盜之出其門，此士之所以不至也.

◈ 독맹상군전 번역

세상 사람들은 모두 맹상군이 선비를 잘 구했다고 하였다. 선비들은 이런 까닭으로 그에게 모여들었다. 마침내 그 힘을 빌려 호랑이나 표범 같은 진나라에서 벗어날 수 있었다. 아! 맹상군은 다만 닭의 울음소리나 내고 개 짖는 소리나 내는 무리들의 우두머리일 뿐이지, 어찌 선비를 얻었다고 말할 수 있겠는가? 그렇지 않다면, 제나라의 막강한 힘을 마음대로 하는 이가 올바른 선비 한 사람을 얻었어도 마땅히 천자가 되어 진나라를 제압할 수 있었는데, 어찌 닭 울음소리나 내고 개 짖는 소리를 내는 무리들의 힘을 취해야 했느냐? 계명

궁)에 들어가 호백구를 훔쳐서 그녀에게 주었다. 맹상군은 비로소 석방되어 函谷關(함곡관)을 향해 달려갔다. 그러나 너무 이른 시각이기에 관문을 통과할 수 없었다. 당시 함곡관의 규정은 닭 울음소리를 듣고 관문을 열었는데 이에 닭 울음소리를 잘 내는 식객의 도움으로 함곡관을 통하여 무사히 제나라에 도착하였다. 雄(웅): 우두머리. 耳(이): 따름이다.

6) 擅(천): 제멋대로 하다.

7) 宜(의): 마땅히. 南面(남면): 帝位(제위)에 거하다. 제왕의 자리는 남쪽을 향해서 앉았기에 임금의 자리를 남면이라 하였다. 制秦(제진): 진나라를 제압하다.

8) 尙(상): 또.

구도의 무리들이 그의 문하에서 나왔으니, 이것이 바로 진정한 선비들이 이르지 않는 까닭이다.

◈ 작품 감상 및 분석

이 글은 왕안석이 사마천의 《史記 · 孟嘗君列傳》을 읽고 쓴 문장이다. 齊(제)나라 맹상군은 食客(식객)이 삼천여 명이나 될 정도로 많은 선비를 얻어 세상에 인덕과 재력을 구비한 인물로 일컬어졌다. 그리하여 진나라에 인질로 있을 때 생명이 위험한 상황에서 鷄鳴狗盜(계명구도)에 능한 식객의 도움을 받아 제나라로 돌아올 수가 있었다. 하지만 당시 막강한 국력을 가진 제나라가 진정한 賢士(현사)를 얻어 진나라를 제압할 수도 있었는데 계명구도의 힘을 취하여 한 개인의 생명을 보전하는데 사용하였다. 때문에 맹상군이라는 인물이 진정한 선비는 얻지 못하고 다만 계명구도의 우두머리일 뿐이라고 비평하였다. 식객이 많아 흠모의 대상이 되었던 맹상군을 90 여자에 이르는 단문으로 단지 계명구도의 우두머리로 전환한 그의 핵심적이고 날카로운 필력이 두드러진다. 이는 당시 신법을 추진하고 있는 왕안석 주위에는 사람은 적지만 진정한 선비가 있고, 사마광을 위시한 보수파에는 많은 사람들이 포진하고 있지만 계명구도와 같은 부류와 우두머리라는 것을 비유하여 쓴 글이다.

傷仲永

金谿民方仲永[1], 世隷耕[2]. 仲永生五年, 未嘗識書具[3], 忽啼求之. 父異焉[4], 借旁近與之[5]. 卽書詩四句, 並自爲其名. 其詩以養父母、收族爲意[6], 傳一鄉秀才觀之[7]. 自是, 指物作詩, 立就[8], 其文理皆有可觀者. 邑人奇之[9], 稍稍賓客其父[10], 或

1) 金谿(금계): 江西省(강서성) 金谿縣(금계현).
2) 世(세): 世代(세대). 隷(예): …에 속하다.
3) 書具(서구): 필기도구로 종이, 먹, 붓 등을 일컬음.
4) 異(이): 이상히 여기다.
5) 旁近(방근): 이웃.
6) 族(족): 동족의 사람. 以(이) ……爲意(위의): ……로써 시의 내용으로 삼다.
7) 秀才(수재): 학식이 뛰어난 학자.
8) 立就(입취): 즉시 완성하다.
9) 邑人(읍인): 마을 사람.
10) 賓客(빈객): 손님으로 맞이하다.

以錢幣乞之[11]. 父利其然也[12], 日扳仲永環謁於邑人[13], 不使學.

予聞之也久. 明道中[14], 從先人還家[15], 於舅家見之, 十二三矣. 令作詩, 不能稱前時之聞[16]. 又七年, 還自揚州, 復到舅家問焉. 曰: "泯然衆人矣[17]!"

王子曰[18]: "仲永之通悟[19], 受之天也. 其受之天也, 賢於材人遠矣. 卒之爲衆人[20], 則其受於人者不至也[21]. 彼其受之天也, 如此其賢也; 不受之人, 且爲衆人. 今夫不受之天, 固衆人; 又不受之人, 得爲衆人而已邪[22]."

---

11) 乞之(걸지): 仲永(중영)의 詩(시) 작품을 요구하다.
12) 利其然(이기연): 이러한 것을 탐내다.
13) 扳(반): 데리고 다니다. 環謁(환알): 도처를 방문하다.
14) 明道(명도): 宋仁宗(송인종)의 연호(1032-1033).
15) 先人(선인): 왕안석의 돌아가신 아버지 王益(왕익). 明道(명도)2년(1033)에 왕안석의 조부는 臨川(임천)에서 사망했기에, 아버지와 함께 임천으로 가서 장례를 치렀다.
16) 稱(칭): 부합하다.
17) 泯然(민연): 소실한 모양.
18) 王子(왕자): 왕안석 스스로 王子(왕자)로 일컫다.
19) 通悟(통오): 이치에 밝고 지혜롭다.
20) 卒(졸): 최후. 결국.
21) 受於人者(수어인자): 교육을 받다.
22) 得(득): 能(능).

◈ 상중영 번역

金谿縣(금계현) 주민 方仲永(방중영)은 대대로 농사를 지었다. 중영이는 5세 때 붓과 먹 등 문방사우를 본적이 없었는데, 어느 날 갑자기 울면서 요구하니 아버지가 이것을 이상히 여겨 이웃집에 가서 그것을 빌려주었다. 즉시 사언시를 짓고 아울러 자기의 이름을 썼다. 그의 시는 부모를 잘 봉양하여 친척과 마을사람이 화목하게 지낸다는 내용이다. 온 마을의 학식이 뛰어난 사람들이 모두 돌아가면서 보았다. 이로부터 사람들은 제목을 주어 시를 짓게 하였다. 그는 즉시 시를 지었는데 시의 文彩(문채)와 내용도 볼만한 것이었다. 마을 사람들은 그를 귀재라고 하였고 점점 사람들은 그 부친과 그를 초대하여 손님으로 접대하였고, 어떤 이는 돈으로 중영의 시를 구입하였다. 그의 부친은 이러한 것을 탐내서 매일 그를 데리고 마을 사람을 방문하였으나 그를 가르치지 않았다.

나는 이 일을 들은 것이 이미 오래되었다. 明道(명도) 년간에 아버지를 따라 고향에 내려가 외삼촌 집에서 방중영을 만났는데 그는 이미 12,3세가 되었다. 그더러 시를 지으라고 했는데 이전의 평판에 부합되지 못했다. 또 7년이 지나서 나는 揚州(양주)에서 돌아와서 다시 삼촌 집에 가서 중영의 상황을 물었다. 삼촌이 말하기를: "그는 이미 특별한 점을 잃어 보통 사람과 같네."

왕안석이 말하기를: "그가 이치에 밝고 지혜로움은 천부적

이다. 그의 천부조건은 후천적으로 양성된 인재 보다 훨씬 우월하다. 그러나 그는 결국 평범한 사람이 되었는데 이것은 후천적인 교육을 받지 못한 까닭이다. 그가 갖춘 천부적 재능은 이와 같이 우월하였지만 교육을 받지 않아서 보통사람이 되었다. 지금은 그러한 천부적인 재능이 없어 단지 평범한 사람이 되었다. 만약 교육을 받지 않으면 보통사람이 되는 것 조차 아마 곤란할 것이다.

◈ 작품 감상 및 분석

慶曆(경력) 3년(1043) 23세에 쓴 작품으로, 당시 작가는 양주에서 簽判(첨판)으로 공직을 수행하였다. 출장 가는 길에 고향인 임천에 들렀는데 외삼촌 집에서 마을사람 방중영의 상황을 들었다. 이에 감회를 느껴서 이 문장을 저술하였다.

신동인 방중영(方仲永)의 이야기를 통하여 후천적인 교육이 인재성장에 결정적인 역할을 하는 것을 생동감 있게 설명하였다. 천부적으로 총명한 방중영은 유년시절에 뛰어나게 시를 잘 지었지만 이후에 교육을 받지 못하고 방치하니 나이에 따라 육체적인 성장은 하였지만 갈수록 평범하여 어떤 일도 이루지 못하였다. 자질이 뛰어난 신동도 이와 같은데 평범하게 태어난 사람들은 더욱더 학습에 매진해야 함을 강조하였고 학습에 대한 중요성을 설파하였다. 특히 사람의 지혜와 재능은 성장하면서 습득하는 것이기에 후천적인 교육을 특히 강조하였다.

문장의 전반부는 방중영이 신동에서 점차 평범한 사람으로 변해가는 고사를 간단하게 서술하였고, 후반부는 전후 문장으로 대비를 이루고 서사와 의론을 서로 결합하여 의미전달을 명확하게 하였다.

答司馬諫議書[1]

某啓[2]: 昨日蒙教[3], 竊以爲與君實游處相好之日久[4], 而議事每不合, 所操之術多異故也[5]. 雖欲强聒[6], 終必不蒙見察, 故略上報[7], 不復一一自

1) 司馬諫議(사마간의): 司馬光의 자는 君實(군실), 陝州夏縣(섬주하현)(현 山西省)사람. 右諫議大夫(우간의대부)(임금에게 의견을 전달하는 관리)를 역임하였고 사학자로 저서 《資治通鑒》이 있다. 神宗(신종)이 왕안석을 통하여 新法(신법)을 시행하자 강력하게 반대하였다. 1085년 哲宗(철종)이 즉위하고 高太皇太后(고태황태후)가 수렴청정을 하자, 사마광은 재상으로 발탁이 되어 신법을 폐지하였다.
2) 某(모): 스스로를 칭함. 啓(계): 편지를 써서 사정을 설명함.
3) 蒙教(몽교): 편지를 받다.
4) 竊(절): 겸칭어, 삼가. 君實(군실): 사마광의 字(자). 편지 쓸 때 상대방의 자를 칭함으로써 존경을 표하다. 游處(유처): 동료로 교제하다. 相好(상호): 서로 우호적이다.
5) 操(조): 잡다. 사용하다. 術(술): 방법. 주장.
6) 强聒(강괄): 말을 많이 하며 억지로 설명하다.
7) 略(략): 간략하다. 上報(상보): 회신을 쓰다.

辨; 重念蒙君實視遇厚[8], 於反覆不宜鹵莽[9], 故今具道所以[10], 冀君實或見恕也[11].

蓋儒者所爭[12], 尤在於名實[13], 名實已明, 而天下之理得矣. 今君實所以見教者, 以爲侵官、生事、征利、拒諫, 以致天下怨謗也[14]. 某則以爲受命於人主[15], 議法度而修之於朝廷[16], 以授之於有司, 不爲侵官; 擧先王之政[17], 以興利除弊, 不爲生事; 爲天下理財, 不爲征利; 闢邪說[18], 難壬人[19], 不爲拒諫; 至於怨誹之多, 則固前知其如此也[20]. 人習於苟且非一日, 士大夫多以不恤國事[21], 同俗自媚於衆爲善[22]. 上乃欲變此[23], 而某不量敵之衆寡, 欲

---

8) 重念(중념): 여러 번 생각하다. 視遇(시우): 나를 대접하다. 厚(후): 두터이 하다.
9) 反覆(반복): 서신 왕래. 鹵莽(노망): 접대가 소홀하여 결례를 하다.
10) 具道(구도): 상세하게 말하다. 所以(소이): (사건의) 경위.
11) 冀(기): 바라다.
12) 儒者(유자): 선비, 사대부.
13) 名實(명실): 명분와 실제.
14) 怨謗(원방): 원망과 비방.
15) 人主(인주): 황제. 본문에서는 송나라 神宗(신종) 趙頊(조욱).
16) 議法度(의법도): 국가의 법령제도를 토론 심의하다. 修(수): 수정하다.
17) 擧(거): 추진하다.
18) 闢邪說(벽사설): 잘못된 언론을 반박하여 물리치다.
19) 難(난): 따져 비난하다. 壬人(임인): 아첨하는 사람.
20) 固(고): 본래. 前(전): 사전에.
21) 恤(휼): 관심을 가지다.

出力助上以抗之[24], 則衆何爲而不洶洶然[25]? 盤庚之遷[26], 胥怨者民也[27], 非特朝廷士大夫而已. 盤庚不爲怨者故改其度[28], 度義而後動[29], 是而不見可悔故也[30].

如君實責我以在位久, 未能助上大有爲, 以膏澤斯民[31], 則某知罪矣; 如曰今日當一切不事事[32], 守前所爲而已[33], 則非某之所敢知[34]. 無由會晤, 不任區區向往之至[35].

---

22) 同俗自媚於衆(동속자미어중): 세속의 견해에 부화하여 대중에게 아첨하다.

23) 上(상): 皇上(황상). 본문에서는 神宗(신종). 乃(내): 오히려.

24) 抗(항): 저지하다.

25) 洶洶然(흉흉연): 시끄럽게 언쟁하는 모양.

26) 盤庚(반경): 商(상)나라 중기의 임금. 상나라 수도는 황하 북쪽의 奄(엄)(현 山東省 曲阜(산동성 곡부)으로 항상 홍수가 범람하였다. 정치적인 곤경과 자연재해를 벗어나기 위하여 반경이 즉위한 후 殷(은)(河南省 安陽(하남성 안양)으로 천도하기로 결정하였지만 전국적으로 많은 반대에 봉착하였다. 그러나 임금은 백성들을 설득하여 천도계획을 완성하였다. 《尙書·盤庚》에서 인용.

27) 胥怨(서원): 모두 원망하다.

28) 改其度(개기도): 그의 원래 계획을 바꾸다. 度(도): 제도, 계획.

29) 度義(도의): 합리 여부를 고려하다. 度(도): 고려하다.

30) 是(시): 옳다. 바르게 하다.

31) 膏澤(고택): 은혜를 내리다. 斯民(사민): 백성. 斯(사): 이.

32) 一切不事事(일체불사사): 어떤 일도 모두 하지 못하다. 事事(사사): 일을 하다. 앞에 있는 事(사)는 동사, 뒤에 있는 事(사)는 명사.

33) 守前所爲(수전소위): 이전 사람의 법칙을 고수하다.

34) 所敢知(소감지): 가르침 받기를 원하다.

35) 不任(불임): 견디어 내지 못하다. 區區(구구): 小(소), 자신을 지칭함.

◈ 답사마간의서 번역

안석(安石)이 올립니다. 지난번 깨우쳐주시는 편지를 받았는데, 삼가 君實(군실)과 동료로 교제하며 서로 우호적으로 보낸 날이 오래 되었습니다. 그러나 의론하는 일이 매번 서로 맞지 않는다고 생각했는데, 이것은 견지하는 정치주장이 서로 많이 다르기 때문입니다. 비록 말을 많이 하면서 억지로 설명하였으나 끝내 당신의 양해를 얻지 못했습니다. 그 때문에 간략하게 회신을 쓰고 다시 일일이 변명하지 않겠습니다. 군실께서 나에게 후한 대접했음을 여러 번 생각했습니다. 서신 왕래에서 결례하거나 경솔하게 해서는 안 되기에 이제 사건의 경위만을 상세하게 말씀드리면서 군실께서 혹 양해하시기를 바랍니다.

대개 사대부들이 쟁론하는 것 중 가장 중요한 것이 명분과 실제에 관한 것입니다. 명분과 실제가 이미 분명해졌다면 천하의 道理(도리)를 얻은 것입니다. 이제 군실께서 가르침을 주신 것은 내가 관리의 직권을 침범하여 말썽을 부리고 재물을 거두며 권고를 거절하였기에 모든 백성들에게 천하의 원망과 비방을 초래하였다는 것입니다. 저는 황제에게 명령을 받아 국가의 법령 제도를 토론 심의하고 이를 조정에서 수정하여 담당부서에 내려 보내서 집행하게 하는 것은 관리의 직

向往(향왕): 앙모하다.

권을 침범하는 것이 아닙니다. 선왕의 정치 주장을 추진하고 이로써 이익을 늘리고 폐단을 제거하는 일이 말썽을 부리는 것이 아닙니다. 천하를 위하여 재정을 관리하는 것은 재물과 이익을 거두는 것이 아닙니다. 잘못된 언론을 반박하여 물리치고 아첨하는 사람을 비난하는 것이지, 권고를 거절하는 것은 아닙니다. 원망과 비방하는 사람이 많은 것에 대하여서는 본래 이전에 이와 같은 줄을 알고 있었습니다. 사람들이 되는대로 지내는 것에 습관이 된 것이 어제 오늘에 일어난 것이 아닙니다. 사대부들 가운데 많은 이들이 국사에 관심을 가지지 않고 세속적 견해에 부화되어 대중에게 아첨하는 것을 선으로 여기고 있습니다. 군주께서 오히려 이를 변혁하고자 하시어 저는 반대파의 많고 적음을 헤아리지 않고 힘을 다해 군주를 도와 이들을 저지하고 있으니, 대중들이 어찌 시끄럽게 언쟁하지 않을 수 있겠습니까? 반경이 천도하려 할 때에 모두 원망한 자들도 백성들이었고, 다만 조정의 사대부만 반대한 것이 아니었습니다. 반경은 원망하는 사람 때문에 그 원래 계획을 바꾸지는 않았고, 합리 여부를 고려한 후에 옮겼습니다. 이 때문에 후회할 만한 이유가 보이지 않았습니다.

만약 군실께서 내가 재상의 지위에 오래 있으면서 군주께서 크게 도모하시는 일을 제대로 돕지 못해 이 백성들에게 은택을 입히지 못하고 있다고 꾸짖으신다면 저는 그 잘못을 인정하겠습니다. 만약 이제 어떤 일도 하지 않고 전부터 해오던 일만을 고수한다고 말씀하신다면, 제가 감히 가르침 받기를 원하지 않습니다. 서로 만날 기회가 없으므로 앙모했던 보살핌을 견디어 내지 못하겠습니다.

◈ 작품 감상 및 분석

송나라 神宗(신종) 熙寧(희녕) 2년(1069) 2월 왕안석은 참지정사(參知政事)에 임명되어 신종의 지지 하에 變法(변법)을 시작하였다. 왕안석 변법의 내용은 대개 理財(이재)와 군대 정비로 대별할 수 있다. 왕안석은 靑苗法(청묘법), 免役法(면역법), 均輸法(균수법), 保甲法(보갑법), 農田水利法(농전수리법) 등의 새로운 법을 추진하여 부국강병을 도모하여 송 왕조를 공고히 하는데 목적이 있었다. 그러나 新法(신법)은 기득권자와 귀족들의 저항을 심하게 받고 집행과정 중에도 문제점이 속출하여 반대파의 심한 반대에 부딪혔다. 당시 右諫議大夫(우간의대부)를 맡고 있던 司馬光(사마광)이 반대파의 대표이었다.

희녕 3년(1070) 신법이 격렬한 투쟁에서도 신속하게 진행하고 있을 때 사마광 측은 신종에게 청묘법 취소를 요구하였다. 또 친구의 자격으로 완곡하면서도 위협적인 어조로 이 해 봄철에 연속하여 3차례 왕안석에게 편지를 보내 신법을 폐지하고 개혁중단을 요구하였다. 그는 편지에서 "制置三司條例司" 설립을 질책하고 신법의 제정은 관리들의 직권을 침범한다고 비난하였다. 또한 관리를 각지에 파견하여 신법을 집행하는 것은 말썽을 일으키는 것이고, 청묘법 등 신법은 세금만을 징수하는 수단이라고 하였다. 이에 왕안석은 반대파 의견 수용에 대한 거절을 질책하였다. 이것이 소위 "侵官(침관)", "生事(생사)", "征利(정리)", "拒諫(거간)"의 4가지 죄목이다. 사마광은 이 해 2월 27일에 3000 여자의 첫 번째 편지를 보냈는데, 이에 왕안석은 간단하게 회신하고 일일이 논박하지 않았다. 사마광은 또 두 번째 편지를 보냈는데 왕안석은 이제야 본문의 답신을 썼다.

왕안석은 이 편지에서 먼저 사마광이 신법에 대한 왜곡과 비방에 대하여 반박을 하였는데, 사마광 편지 중의 4가지 비난을 겨냥하여 왕안석은 일일이 반론하였다. 더욱이 "怨誹之多"의 원인에 대해서 상세하게 분석하였다. 또 마지막에는 사마광이 편지 중에 비난한 "未能大有爲"의 말을 겨냥하여 "知罪"라고 말한 것은 실로 교묘한 반격이다. 답신에서는 왕안석은 신법을 추진하는 태도와 굳건한 입장을 견지하였다.

본문은 형식적으로 보면 서신체이지만 실질적으로는 문필에 힘이 있는 날카로운 정론문이다. 문장은 간결하고 명쾌하며 논리적이고 예리하다.

答曾子固書

某啓: 久以疾病不爲問[1], 豈勝鄕往[2]. 前書疑子固於讀經有所不暇[3], 故語及之. 連得書, 疑某所謂經者佛經也, 而教之以佛經之亂俗. 某但言讀經, 則何以別於中國聖人之經[4]? 子固讀吾書每如此[5], 亦某所以疑子固於讀經有所不暇也.

然世之不見全經久矣. 讀經而已, 則不足以知經. 故某自百家諸子之書[6], 至於《難經》、《素問》、

---

1) 不爲問(불위문): 안부를 묻지 못하다.
2) 勝(승): 다하다. 鄕往(향왕): 嚮往(향왕)과 같다. 그리워하다.
3) 經(경): 儒家經典(유가경전). 暇(가): 한가하다.
4) 中國聖人之經(중국성인지경): 《易》·《書》·《詩》·《禮》·《春秋》 등 유가경전.
5) 每(매): 항상.
6) 百家諸子(백가제자): 先秦(선진)시대부터 漢初(한초)의 각종 학술사상

《本草》、諸小說[7], 無所不讀; 農夫、女工, 無所不問, 然後於經爲能知其大體而無疑[8]. 蓋後世學者, 與先王之時異矣, 不如是, 不足以盡聖人故也. 揚雄雖爲不好非聖人之書[9], 然於墨、晏、鄒、莊、申、韓[10], 亦何所不讀, 彼致其知而後讀[11], 以有所去取, 故異學不能亂也[12]. 惟其不能亂[13], 故能有所去取者, 所以明吾道而已. 子固視吾所知, 爲尙可以異學亂之者乎[14]? 非知我也.

유파 및 대표인물로 본문에서 언급하는 "墨(묵)·晏(안)·鄒(추)·莊(장)·申(신)·韓(한)" 등이다.

7) 《難經》(난경): 扁鵲(편작)이 저술한 중국의학서. 《素問》: 중국 최초의 중의이론서로 《靈樞》와 함께 《內經》이라 부른다. 내용은 해부, 생리, 병리, 진단, 위생 등을 논술하였다. 《本草》: 본초는 원래 中藥(중약)의 통칭이기에, 중약에 관하여 쓴 서적을 《本草》라고 하였다. 송나라 이전에는 《神農本草經》·《新修本草》 등이 있다. 諸(제): 많은. 小說(소설): 筆記小說(필기소설).

8) 爲(위): 하다.

9) 爲(위): 말하다. 聖人之書(성인지서): 유가경전.

10) 墨(묵): 墨翟(묵적). 晏(안): 晏嬰(안영), 자는 平仲(평중)으로 春秋(춘추)시대 齊(제)나라 재상, 저서로 《晏子春秋》가 있다. 鄒衍(추연): 戰國(전국)시대 말기 철학가로 陰陽家(음양가)의 대표인물. 莊(장): 莊周(장주)로 전국시대 道家(도가)의 대표인물로 저서로 《莊子》가 있다. 申(신): 申不害(신불해), 전국시대 法家(법가)로 법치를 주창하였다. 韓(한): 韓非(한비)로 荀子(순자)에게 사사받았고, 법가학설의 집대성자다. 저서로 《韓非子》가 있다.

11) 彼(피): 그, 곧 揚雄(양웅). 致(치): 구하여 얻다.

12) 異學(이학): 유학 이외의 기타 학설. 西漢(서한) 武帝(무제)가 百家(백가)를 배척한 후 오직 유가학설만이 정통학문으로 받들어졌다.

13) 惟其(유기): 바로 때문에.

方今亂俗, 不在於佛, 乃在於學士大夫沉沒利欲, 以言相尙[15], 不知自治而已. 子固以爲如何? 苦寒, 比日侍奉萬福[16], 自愛.

◈ 답증자고서 번역

안석이 올립니다. 오랫동안 질병 때문에 안부를 드리지 못하였으니, 실제로 매우 보고 싶습니다. 지난번 편지에 子固(자고)께서 經(경)을 읽을 시간이 없다고 한 것을 짐작하여서 그것을 언급했던 것입니다. 이어서 편지를 받아보니, 제가 말한 경전이라고 한 것을 불경으로 의심하시고, 불경은 풍속을 어지럽히는 것이라고 가르쳐 주셨습니다. 제가 다만 경전을 읽었다고 말했을 뿐인데, 어찌하여 이를 중국 성인의 경전과는 서로 다르다고 하셨습니까? 子固(자고)께서 저의 편지를 읽는데 항상 이와 같으므로 역시 저는 자고께서 경전을 읽을 겨를이 없다는 이유를 추측합니다.

그러나 세상 사람들이 완전한 유가경서를 보지 못한 지가 오래되었습니다. 만약 단지 경전만을 읽으면 그의 진정한 의미를 알기에는 부족합니다. 그러므로 저는 제자백가의 書(서)

---

14) 尙(상): 오히려, 또.

15) 尙(상): 숭상하다.

16) 比日(비일): 날마다. 侍奉(시봉): 섬기다, 모시다.

로 부터《難經》·《素問》·《本草》등 의학서 및 많은 필기소설에 이르기까지 읽지 않은 것이 없습니다. 의문이 있으면 농부나 여공에게도 묻지 않은 일이 없고, 그런 후에 경전에 대하여 그 개략을 알 수 있어 의심이 없어졌습니다.

후세의 학자들은 선왕의 시대와 다르니, 만약 이렇게 경전을 읽지 않으면 성인이 말하는 도리를 완전히 이해할 수가 없기 때문입니다. 揚雄(양웅)은 비록 성인이 아닌 사람이 쓴 책을 좋아하지 않았지만 그러나 墨子(묵자), 晏子(안자), 鄒衍(추연), 莊子(장자), 申不害(신불해), 韓非子(한비자)에 대하여 또한 어느 것인들 읽지 않은 것이 있었습니까? 양웅은 지식을 구하기 위하여 이런 책을 읽었습니다. 그들의 글 가운데 취할 것과 버릴 것이 있기 때문에 이단의 학문이 그를 어지럽힐 수가 없었습니다. 이단이 그를 어지럽힐 수 없기 때문에 참고할 것과 무시할 것을 알 수 있게 되어 자기의 관점을 천명할 따름입니다. 자고께서 저의 이런 인식이 오히려 이단의 학문에 어지러워질 수 있다고 여기시면 이는 저를 이해하지 못하신 것입니다.

지금 이 시대의 어지러워진 풍속은 불교에 있는 것이 아니요, 곧 학자 대부들이 利慾(이욕)의 추구에 빠져서 이를 서로 숭상하며 스스로 수양하는 것을 모르는데 있을 뿐입니다. 자고께서는 이에 대하여 어떻게 생각하십니까? 날씨가 혹독하게 추운데 날마다 섬기시니 모든 일이 뜻대로 이루어지기를 바랍니다. 건강에 주의하십시오.

◈ 작품 감상 및 분석

불교가 東漢(동한) 이래 중국에 전래된 후 영향이 점점 확대되었다. 당나라에 이르러 儒佛道(유불도) 三家(삼가)가 융합하고, 중국화된 불교종파인 禪宗(선종)이 세차게 일어나서 더욱 불교의 전파가 속도를 내었다. 송나라는 건국 후 불교를 보호하는 정책을 취하였고, 불교는 대량으로 偈頌(게송)과 시가, 어록 등을 통해 불교의 사상을 널리 알렸고 또한 사대부의 환영도 받았다. 왕안석도 예외가 아니어서 불경을 좋아하고 스님과 왕래하여 친구 曾鞏(증공)의 비평을 불러일으켰다. 본문은 증공이 비평한 것에 대한 답신이다.

이 편지의 주요 내용은 두 가지이다. 하나는 작가가 유가경전을 읽는 견해이다. 작가는 "世之不見全經久矣, 讀經而已, 則不足以知經"이라 하여 유가의 경전은 이미 결여되고 완전하지 않아 유가경전의 注疏本(주소본)으로 경전의 요지를 이해할 수 없다고 하였다. 왕안석은 장귀로 經義(경의)를 해석하는 법에 불만이 있어 많은 도서를 두루 읽는 것을 주장하였고 아랫사람에게 문의하는 것을 부끄러워하지 않았다. 두 번째는 불교에 대한 그의 견해를 표명하였다. 왕안석이 불경을 읽는 것에 대하여 증공이 질책을 하였는데 그는 다음과 같이 언급하였다. "方今亂俗, 不在於佛, 乃在於學士大夫沈沒利欲, 以言相尙, 不知自治而已." 즉 불교는 사회풍속을 교란시키는 요소가 아니라고 하였다.

이 편지도 논리가 치밀한 논설문으로 증공이 언급한 불경의 亂俗(난속)의 관점을 비평하기 위하여 揚雄(양웅)의 실제를 들어 검증하여 풍부한 설득력으로 전개하였다. 또한 "佛經亂俗" 문제를 겨냥하여 명확하게 견해를 밝혔는데, 사회를 혼란하게 하는 것은 불교에 있는 것이 아니라 학자와 사대부의 나쁜 습성에 있다고 하였다. 이것은 본문의 중심 논점일 뿐 만 아니라 首尾相關(수미상관)으로 結構(결구)를 더욱 치밀하게 하였다.

仁宗(인종) 慶曆(경력) 년간에 왕안석과 증공의 빈번한 서신왕래가 있었던 것으로 추정되는 이 즈음에 본문이 작성된 것 같다. 그는 "以佛濟儒"(불교로써 유교를 도와주다)의 기본 생각을 가지고 이후에 은거생활을 하면서 불교에 귀의하였다. 이 작품은 왕안석이 불교에 대한 인식과 사상을 반영한 작품이다.

上杜學士言開河書

十月十日，謹再拜奉書運使學士閣下[1)]：某愚不更事物之變[2)]，備官節下[3)]，以身得察於左右．事可施設，不敢因循苟簡[4)]，以孤大君子推引之意[5)]，亦其職宜也[6)].

鄞之地邑，跨負江海[7)]，水有所去，故人無水

---

1) 杜學士(두학사): 杜杞(두기), 자는 偉長(위장), 常州(상주)無錫(무석)(현江蘇省)사람. 學士(학사): 학문이 있는 사람. 두기에 대하여 존칭으로 사용하였음.
2) 更(경): 경험하다. 事物之變(사물지변): 사회의 빠른 변화.
3) 備(비): 숫자(머리수를) 채우다. 節下(절하): 부하.
4) 因循(인순): 답습하다. 꾸물거리다. 苟簡(구간): 구차하고 소홀히 대하다.
5) 孤(고): 孤負(고부), 저버리다. 大君子(대군자): 두기에 대한 존칭. 推引(추인): 추천하여 영입하다.
6) 其(기): 자기. 宜(의): 마땅하다.
7) 跨(과): 넘어가다. 뛰어넘다. 負(부): 등지다. 江(강): 甬江(용강)으로 鄞縣(은현)에 있음. 海(해): 동해.

憂. 而深山長谷之水, 四面而出, 溝渠澮川[8], 十百相通. 長老言錢氏時置營田吏卒[9], 歲浚治之[10], 人無旱憂, 恃以豊足[11]. 營田之廢, 六七十年, 吏者因循, 而民力不能自幷[12]. 向之渠川, 稍稍淺塞[13], 山谷之水, 轉以入海而無所瀦[14]. 幸而雨澤時至, 田猶不足於水. 方夏歷旬不雨, 則衆川之涸[15], 可立而須. 故今之邑民最獨畏旱, 而旱輒連年[16]. 是皆人力不至, 而非歲之咎也[17].

某爲縣於此, 幸歲大穰[18], 以爲宜乘人之有餘, 及其暇時, 大浚治川渠, 使有所瀦, 可以無不足水

---

8) 澮(회): 도랑.

9) 長老(장로): 나이가 많은 사람. 錢氏(전씨): 五代(오대) 때 吳越王(오월왕). 五代(오대) 시기 杭州(항주)사람 錢鏐(전류)는 강소성과 절강성 일대를 점령하여 스스로 오월왕으로 자칭하였다. 그 손자 때 송나라에 항복하여 86년간 존립하였다. (893-978) 營田(영전): 屯田(둔전). 초기에는 구분이 있어, 둔전은 軍屯(군둔)이고 營田(영전)은 民屯(민둔)이었으나 점진적으로 혼동되었다. 본문에서는 軍屯(군둔)이다.

10) 浚(준): 깊이 파다.

11) 恃(시): 의존하다. 기대하다.

12) 自幷(자병): 조직하다.

13) 稍稍(초초): 점점.

14) 瀦(저): 물이 괴다.

15) 涸(학): 물이 마르다.

16) 輒(첩): 문득. 항상.

17) 歲(세): 계절. 咎(구): 허물, 잘못.

18) 穰(양): 풍년.

之患. 而無老莊稚少, 亦皆懲旱之數[19], 而幸今之有餘力, 聞之翕然[20], 皆勸趨之[21], 無敢愛力. 夫小人可與樂成[22], 難與慮始. 誠有大利, 猶將强之, 況其所願欲哉! 竊以爲此亦執事之所欲聞也.

伏惟執事聰明辨智, 天下之事, 悉已講而明之矣[23], 而又導利去害, 汲汲若不足[24]. 夫此最長民之吏當致意者[25], 故輒具以聞州, 州旣具以聞執事矣. 顧其厝事之詳[26], 尙不得徹[27], 輒復條件以聞[28], 唯執事少留聰明. 有所未安, 敎而勿誅[29], 幸甚[30].

---

19) 懲(징): 혼나다. 數(삭): 자주.
20) 翕然(흡연): 화락한 모양.
21) 勸(권): 권장하다. 趨(추): 빨리 가다.
22) 小人(소인): 백성. 이 문장은 《商君書·更法》에서 인용하였다. "民不可與慮始, 而可與樂成."
23) 悉(실): 모두. 講(강): 상의하다.
24) 汲汲(급급): 분주한 모양.
25) 長民(장민): 治民(치민). 백성을 다스리다.
26) 顧(고): 보다. 厝事(조사): 일을 배려하다.
27) 徹(철): 상부에 보고하다.
28) 條件(조건): 한 건 한 건의 조례.
29) 誅(주): 꾸짖다.
30) 幸甚(행심): 매우 다행이다.

◈ 상두학사언개하서 번역

10월 10일에 삼가 두 번 절하고 運使學士閣下(운사학사각하)께 글을 올립니다. 저는 어리석어 사회의 빠른 변화를 경험하지 못하고 당신의 부하로 자리만 채우고 있는데 친히 당신의 보살핌을 받고 있습니다. 모든 일은 처리할 수 있으며 감히 꾸물거리거나 소홀하게 처리하지 않으며 당신이 추천하고 이끌어 주는 뜻을 저버리지 않으니 이것 역시 나의 직분이 마땅히 해야 할 일입니다.

鄞縣(은현)의 지형은 甬江(용강)이 가로 걸쳐 있고 동해에 인접해 있어 사람들이 수재 걱정은 없습니다. 그러나 깊은 산, 긴 골짜기의 물이 사방에서 나와서 수많은 시냇물과 도랑물이 서로 통합니다. 어른들이 전하는 말에 전씨가 다스리던 吳越(오월)시대에는 營田(영전)의 官兵(관병)이 준설작업을 하여 다스렸으므로 백성이 가뭄을 걱정하지 않고 풍년이 들 것을 믿게 되었다고 합니다. 영전제가 폐지된 지 60, 70년이 되었는데 관리들은 꾸물꾸물 거리며 예전 것만 답습하고, 백성들의 능력으로는 스스로 조직을 만들어 처리하지 못하였습니다. 그래서 이전의 도랑들이 차츰 토사가 쌓여 얕아져 막히게 되었고 산골짜기를 흐르는 물은 휘돌아 바다로 유입되어 농업수로 저장되는 일이 없게 되었습니다. 요행히 비가 제때에 내리면 농토에 물이 부족하지 않았으나 여름철이 되어 열흘이 지나도록 비가 내리지 않으면 여러 냇물이 말라버리는 것은 즉시 일어날 수 있는 일입니다. 그 때문에 지금 고을 사람들은 가뭄을 가장 두려워하게 되었고 가뭄은 해마다 이어지고 있습니다. 이는 모두가 人力(인력)이 충분히 발휘하지 못한 것이지 자연재해 때문이 아닙니다.

제가 이곳의 縣令(현령)이 되자 요행히 금년에 큰 풍년이 들었습니다. 마땅히 농민들이 여유 식량이 있을 때나 농한기에 냇물과 도랑을 크게 준설하여 물을 축적해 놓는다면 물이 부족해지는 걱정은 없게 할 수 있다고 생각했습니다. 늙은이나 청장년이나 어린이를 막론하고 또한 모두가 가뭄 빈번함에 혼났는데, 다행히 금년에는 여유가 있었으므로, 이를 듣고는 기뻐하며 한 뜻으로 모두가 격려하고 달려가서 감히 노력을 아끼는 이가 없었습니다. 일반 백성들은 일이 이루어진 것을 함께 즐길 수는 있으나, 시작할 때 그들과 상의하기는 어렵습니다. 진실로 큰 이익이 된다면 오히려 이를 강제로 시킬 수도 있는 것인데, 하물며 그들이 자원해서 하고자 하는 일에 있어서야! 이 또한 執事(집사)께서 듣고자 하시는 바라고 생각합니다.

저는 집사께서 풍부한 지혜로 사리를 분명하게 분별하시고 천하의 일에 대하여 모두 대책을 분명하게 강구하고 계시며, 또 백성들을 이로운 방향으로 인도하고 해로운 것을 없애는데 서둘러서 아주 열심입니다. 수로를 파는 이 일은 목민관으로서는 가장 고려해야 할 일이어서 즉시 상세하게 州(주)에 보고하였고 주에서는 이미 집사께 보고 드렸습니다. 일을 처리한 상세한 내용을 상사에게 아직 보고하지 않았습니다. 한건 한건의 조례로 보고하오니, 오직 집사께서는 이에 대하여 조금씩 주시하시어 타당하지 못한 점이 있거든 가르쳐 주시고 꾸짖어 주시지 않으신다면 심히 다행으로 여기겠습니다.

◈ 작품 감상 및 분석

왕안석은 慶曆(경력) 7년(1047) 鄞縣(은현)(현 절강성 寧波)에 전근하였다. 부임 후 오래지 않아 13일 동안 14개 마을을 순시하여 縣(현)의 지리환경과 수리 시설 등에 대하여 조사와 연구를 하였다. (〈鄞縣經遊記〉에서 상세하게 언급) 본문은 왕안석이 상사인 杜學士(두학사)에게 쓴 편지로 은현의 상황을 종합 보고하고 수리건설과 농업생산 발전에 대한 견해를 피력하였다.

왕안석은 편지에서 은현의 지리조건에 근거하여 현지의 수리상황을 분석하고 수리건설의 중요성을 밝혔다. 또한 당시 지방 관리의 구태의연한 보수 관념을 통렬하게 비난하였다. 자연환경이 나쁘지도 않은데 매년 가뭄이 드는 것은 인력자원을 발휘하지 못한 것이라 여기고, 그는 인적자원을 활용하여 수리시설을 건설하고 농업생산을 발전시킬 것을 건의하였다. 이러한 그의 주장은 은현에서 실현되었고 농전수리법을 제정하는데 기초가 되었다. 마지막으로 직무방면에서 "導利去害"를 언급한 것은 관리가 마땅히 부담해야할 책임을 강조한 것이다. 본문은 논리적이고 설득력이 뛰어난 문장이다.

與馬運判書

運判閣下[1]: 比奉書[2], 卽蒙寵答[3], 以感以怍[4]. 且承訪以所聞[5], 何閣下逮下之周也[6]! 嘗以謂方今之所以窮空, 不獨費出之無節[7], 又失所以生財之道故也. 富其家者資之國, 富其國者資之天下, 欲富天下則資之天地. 蓋爲家者[8], 不爲其子生財, 有父之嚴而子富焉[9], 則何求而不得? 今闔門而與其

1) 馬運判(마운판): 馬遵(마준)으로, 자는 仲塗(중도), 饒州(요주) 樂平(낙평)(현 강서성)사람.
2) 比(비): 근래. 奉(봉): 올리다, 바치다.
3) 寵答(총답): 상사에 대한 회답을 정중하게 표현한 것.
4) 以感以怍(이감이작): 또 감격하고 또 부끄럽다.
5) 訪(방): 문의하다.
6) 逮(체): 대우하다. 周(주): 周全(주전), 주도면밀하다.
7) 節(절): 節制(절제)하다.
8) 爲家者(위가자): 집안일을 맡아 처리하는 사람.

子市[10], 而門之外莫入焉, 雖盡得子之財, 猶不富也. 蓋近世之言利雖善矣, 皆有國者資天下之術耳[11], 直相市於門之內而已[12], 此其所以困與[13]! 在閣下之明, 宜已盡知, 當患不得爲耳. 不得爲, 則尙何賴於不肖者之言耶[14]?

今歲東南饑饉如此[15], 汴水又絶[16], 其經畫固勞心[17]. 私竊度之[18], 京師兵食宜窘[19], 薪蒭百穀之價亦必踴[20]. 以謂宜料畿兵之駑怯者[21], 就食諸郡[22], 可以舒漕輓之急[23]. 古人論天下之兵, 以爲

---

9) 嚴(엄): 엄격한 가르침.
10) 闔(합): 문을 닫다. 市(시): 장사, 거래.
11) 有國者(유국자): 제왕. 術(술): 방법, 수단.
12) 直(직): 다만.
13) 與(여): 歟(여)와 동일.
14) 賴(뢰): 의지하다. 不肖者(불초자): 어리석은 사람. 본문에서는 자신을 나타내는 겸양어.
15) 饑饉(기근): 흉년이 들다.
16) 汴水(변수): 당시 揚州(양주)에서 汴京(변경)(현 개봉)으로 통하는 운하. 絶(절): 물이 마르다.
17) 經畫(경화): 다스리다, 관리하다.
18) 私(사): 나. 竊(절): 몰래. 度(도): 예측하다. 헤아려보다.
19) 京師(경사): 수도. 窘(군): 곤궁하다.
20) 薪(신): 땔나무. 蒭(추): 건초. 踴(용): 물가가 오르다.
21) 料(료): 세다. 畿兵(기병): 수도에 주둔한 사병. 畿(기): 수도 부근의 땅. 수도를 포함한 주변의 지역. 駑怯者(노겁자): 둔하고 겁이 많은 사람이지만 본문에서는 노약하고 능력이 없는 사병.
22) 諸郡(제군): 각지.
23) 舒(서): 완화하다, 늦추다. 漕輓(조만): 식량을 운송하다. 水運(수운)은

猶人之血脈, 不及則枯, 聚則疽[24]. 分使就食, 亦血脈流通之勢也. 儻可上聞行之否[25]?

◈ 여마운판서 번역

運判(운판) 閣下(각하)께 올립니다. 근래에 편지를 올리자 즉시 은혜로운 답장을 받았기에 감격스럽고 또한 부끄럽기도 하였습니다. 또 들은 일을 물으시니, 각하께서는 어쩌면 그토록 아랫사람에게 주도면밀하신지요! 일찍이 저는 현재 궁핍하게 된 이유는 다만 지출에 절제가 없을 뿐만 아니라, 또한 재화를 생산하는 방법을 잃었기 때문이라고 여겼습니다. 그 집안을 부유하게 하는 것은 나라에서 얻은 것이고 그 나라를 부유하게 하는 것은 천하의 백성에서 얻은 것이며, 천하를 부유하게 하려면 천지자연에서 얻어야 합니다. 집안일을 맡아 처리하는 사람이 그 자손을 위해 재화를 생산하지 않는다 해도 아버지가 엄격하게 가르치면 자손은 부유해 질 것입니다. 그렇게 된다면 무엇을 추구한들 이룰 수 없겠습니까? 이제 문을 닫고 그 자식과 장사를 하면 문 밖 財富(재부)

漕(조)이고, 陸運(육운)은 輓(만)이다.

24) 聚(취): 쌓이다. 疽(저): 악성 종기. 본문에서는 "혈류가 지장을 받다"는 의미.

25) 儻(당): 만약. 혹시…라면.

가 들어올 수 없습니다. 비록 자식의 재산을 다 얻어도 오히려 부유해질 수가 없습니다. 근세에 재정에 대한 의론이 비록 괜찮다 해도 모두가 임금이 천하 백성의 재물을 얻어내는 방법일 뿐입니다. 이는 다만 父子(부자)가 문을 닫고 장사하는 것과 같을 따름이다. 이것이 바로 곤궁하게 된 원인입니다. 현명하신 각하께서는 마땅히 이를 이미 다 알고 계시고, 해결할 수가 없어서 근심할 뿐이라고 하셨는데, 할 수가 없다면 오히려 어떻게 저의 말에 의지할 것이 있겠습니까?

금년에 동남지방에 기근이 이처럼 심하게 들었고 汴京(변경)으로 통하는 물길이 말랐습니다. 대책을 세우고 경영하시느라 마음고생이 많을 것입니다. 제가 사사로이 이 문제를 헤아려 보아도 수도의 무기와 식량이 당연히 궁색해졌을 것이고, 땔감, 가축사료, 각종 곡물 등의 물가도 또한 반드시 올랐을 것입니다. 이로써 수도에 주둔한 병사 가운데 노약자를 헤아려서 여러 郡(군)으로 나누어 얻어먹게 하면 수로와 육로로 식량을 운송하는 다급한 상황을 풀 수 있으리라고 생각합니다. 옛 사람은 천하의 군사를 논할 때에, 사람의 혈맥과 같아서 피가 흐르지 못하면 마르게 되고, 한 군데 모여 혈류가 지장을 받으면 악성 종기로 변한다고 여겼습니다. 그러니 각 지방에 분산시켜서 식사를 해결하게 하는 것도 또한 혈맥을 통하게 하는 하나의 방법이 될 것이니, 혹시 皇上(황상)께 보고하여 시행할 수 있지 않겠습니까?

◈ 작품 감상 및 분석

본문은 경력 7년(1047)에 왕안석이 상사인 馬運判(마운판)에게 쓴 회신으로 당시 그는 鄞縣(은현)(현 절강성 寧波)에서 근무하였다.

왕안석은 회신에서 국가의 재력이 궁핍한데도 재정 지출을 절제하지 않을 뿐 만 아니라 재원을 개발하거나 생산능력을 발전시키지 않음을 비판하였다. 당시 통치자들은 백성에 대해 착취할 생각을 할 뿐 수입을 증가시킬 재정정책을 세우지 않는다고 신랄하게 비판을 하였다. 아버지가 문을 닫고 아들에게 장사를 하여 아들의 재산을 전부 얻어도 역시 조금도 재산이 증식하지 않는 비유를 들어 경제를 풍자하였고, 당시의 경제상황을 겨냥하여 적극적으로 자신의 개혁 의지를 밝혔다. "欲富天下則資之天地"라 하여 생산증대를 통하여 재정 수입을 확충하려고 하였다.

상사에게 주는 회신으로 본문은 잠시 인사말을 나누고 중심내용으로 들어가서 자기의 관점을 제기하였다. 단계적으로 파고들고 비유를 활용하여 논전의 설득력을 증진시켰다. 또 당시의 형세를 열거하여 구체적 개혁 조치의 절박성을 설명하였다.

개혁의 이상과 날카로운 건의 사항 등을 표출하여 당시 청년인 왕안석은 이미 초보적인 혁신사상을 형성하였고, 그의 이러한 관점은 정치 경력이 쌓임에 따라 점진적으로 발전하여 후에 변법운동을 본격적으로 추진하였다.

上運使孫司諫書[1)]

伏見閣下令吏民出錢[2)], 購人捕鹽[3)], 竊以爲過矣[4)]. 海旁之鹽, 雖日殺人而禁之, 勢不止也. 今重誘之, 使相捕告, 則州縣之獄必蕃[5)], 而民之陷刑者將衆, 無賴姦人將乘此勢, 於海旁漁業之地搔動艚戶[6)], 使不得成其業. 艚戶失業, 則必有合而爲盜,

---

1) 運使(운사): 轉運使(전운사)로 府(부)나 州(주)이상의 행정장관. 孫司諫(손사간): 孫甫(손보), 자는 之翰(지한)으로 慶曆(경력) 때 右司諫(우사간)(諫官)(간관)을 역임하였고 후에 江東(강동)과 浙江(절강)의 전운사를 각각 맡았다.

2) 伏(복): 엎드리다. 편지에서 아랫사람이 윗사람에게 표현하는 겸양어.

3) 購人(구인): 현상금을 걸어 사람을 잡아들이다. 捕鹽(포염): 소금 만드는 사람을 구하다.

4) 竊(절): (나의) 의견은. 過(과): 실수를 하다. 잘못되다.

5) 獄(옥): 사건. 蕃(번): 많다.

6) 艚戶(조호): 뱃사공.

賊殺以相仇者[7], 此不可不以爲慮也.

鄞於州爲大邑[8], 某爲縣於此兩年[9], 見所謂大戶者, 其田多不過百畝, 少者至不滿百畝. 百畝之直[10], 爲錢百千, 其尤良田, 乃直二百千而已[11]. 大抵數口之家, 養生送死, 皆自田出; 州縣百須, 又出於其家. 方今田桑之家, 尤不可時得者錢也. 今責購而不可得, 則其間必有鬻田以應責者[12]. 夫使良民鬻田, 以賞無賴告訐之人[13], 非所以爲政也. 又其間必有扞州縣之令而不時出錢者[14], 州縣不得不鞭械以督之[15]. 鞭械吏民, 使之出錢, 以應捕鹽之購, 又非所以爲政也.

且吏治宜何所師法也? 必曰: "古之君子". 重告訐之利以敗俗, 廣誅求之害[16], 急較固之法[17], 以

---

7) 賊殺(적살): 학살하다.
8) 州(주): 明州(명주).
9) 某(모): 자기의 겸칭. 爲縣(위현): 왕안석은 경력(慶曆) 7년 (1047) 鄞縣(은현)에 부임하였는데, 이 편지를 쓸 때는 다음 해로 경력 8년이다.
10) 直(직): 値(치), 값을 하다.
11) 乃(내): 단지
12) 鬻(륙): 팔다.
13) 告訐(고알): 타인의 사생활을 고발하고 폭로하다.
14) 扞(한): 막아내다. 저항하다.
15) 鞭械(편계): 매질하고 수갑 등의 형틀에 채우다.
16) 廣(광): 확대하다. 誅求(주구): 관청에서 책벌을 내세워 백성의 재물을

失百姓之心, 因國家不得已之禁, 而又重之, 古之君子蓋未有然者也. 犯者不休, 告者不止, 糶鹽之額不復於舊[18], 則購之勢未見其止也. 購將安出哉? 出於吏之家而已, 吏固多貧而無有也; 出於大戶之家而已, 大家將有由此而破産失職者. 安有仁人在上, 而令下有失職之民乎? 在上之仁人有所爲, 則世輒指以爲師, 故不可不愼也. 使世之在上者[19], 指閣下之爲此而師之, 獨不害閣下之義乎[20]? 上好是物, 下必有甚者. 閣下之爲方爾, 而有司或以謂將請於閣下, 求增購賞以勵告者. 故某竊以謂閣下之欲有爲, 不可不愼也.

天下之吏, 不由先王之道而主於利. 其所謂利者, 又非所以爲利也, 非一日之積也. 公家日以窘, 而民日以窮而怨. 常恐天下之勢, 積而不已, 以至於此, 雖力排之, 已若無奈何, 又從而爲之辭, 其與抱薪救火何異[21]? 竊獨爲閣下惜此也. 在閣下之勢,

---

강제로 빼앗다.

17) 較固(교고): 시장을 농단하여 홀로 이익을 취하다.

18) 糶(조): 팔아 버리다.

19) 使(사): 假使(가사), 만일, 만약.

20) 害(해): 손해, 손상.

必欲變今之法令, 如古之爲, 固未能也. 非不能也, 勢不可也. 循今之法而無所變, 有何不可, 則必欲重之乎?

伏惟閣下常立天子之側, 而論古今所以存亡治亂, 將大有爲於世, 而復之乎二帝三代之隆[22], 顧欲爲而不得者也[23]. 如此等事, 豈待講說而明? 今退而當財利責[24], 蓋迫於公家用調之不足, 其勢不得不權事勢而爲此[25], 以紓一切之急也[26]. 雖然, 閣下亦過矣, 非所以得財利而救一切之道. 閣下於古書無所不觀, 觀之於書, 以古已然之事驗之, 其易知較然[27], 不待某辭說也. 枉尺直尋而利[28], 古人尙不肯爲, 安有此而可爲者乎?

---

21) 抱薪救火(포신구화): 짚을 안고 불을 끄다. 재해를 소멸하려고 했으나 오히려 재해가 확대되었다. 《淮南子·主術訓》: "上多求則下交爭, 不直之於本, 而事之於末, 譬猶揚堁而弭塵, 抱薪以救火也."

22) 之(지): 가다. 二帝(이제): 堯(요)임금과 舜(순)임금. 三代(삼대): 夏(하)·殷(은)·周(주).

23) 顧(고): 단지, 다만.

24) 利責(이책): 이익을 요구하다.

25) 權(권): 저울질하다.

26) 紓(서): 느슨해지다. 一切(일체): 일시.

27) 較然(교연): 분명한 모양.

28) 枉尺直尋而利(왕척직심이리): 《孟子·騰文公下》: "且夫枉尺而直尋者, 以利言也. 如以利, 則枉尋直尺而利, 亦可爲與?" 枉(왕): 굽다. 直(직): 펴다. 尋(심): 八尺(팔척).

今之時, 士之在下者浸漬成俗[29], 苟以順從爲得[30]; 而上之人亦往往憎人之言, 言有忤己者輒怒而不聽之[31]. 故下情不得自言於上, 而上不得聞其過, 恣所欲爲[32]. 上可以使下之人自言者惟閣下, 其職不得不自言者某也, 伏惟留思而幸聽之. 文書雖已施行, 追而改之[33], 若猶愈於遂行而不反也[34]. 干犯云云[35].

◈ 상운사손사간서 번역

각하께서 관리와 백성들에게 돈을 내라고 명하여 몰래 소금을 만드는 사람을 현상금 내걸고 잡아들이도록 하시는데 삼가 이는 잘못된 일이라고 생각합니다. 바닷가에서 사사로이 소금을 생산하는 것은 비록 날마다 사람을 죽이면서 금지한다 해도 형편상 막을 수가 없습니다. 이제 다시 그들을 유

---

29) 浸漬(침지): 점진적으로 물들이다.
30) 苟(구): 소홀히 하다. 得(득): 自得(자득).
31) 忤(오): 거역하다.
32) 恣(자): 방자하다.
33) 追(추): 보완하다.
34) 若(약): 마치……와 같다. 猶(유): 역시. 愈(유): 낫다. 反(반): 返(반), 돌아오다.
35) 干犯(간범): 무례한 짓을 하다. 편지 말미에 사용하는 겸양어.

혹하여 서로 고발하게 하고 잡아들인다면 州(주)와 縣(현)에서 발생한 사건은 반드시 많아질 것입니다. 백성들 가운데 형사 사건에 빠질 사람이 장차 많아질 것이며, 무뢰하고 간사한 사람들이 장차 이 기회를 타고 못된 짓을 하여, 바닷가에서 고기 잡는 어부를 동요시켜서 그들의 생업을 잃게 할 것입니다. 배를 타고 어업에 종사하는 사람들이 생업을 잃게 되면 반드시 모여서 도둑떼가 되고, 서로 해치고 죽이며 원수가 될 것이니, 이런 상황을 염려하지 않을 수가 없습니다.

鄞(은)지역은 州(주)의 큰 縣(현)이고 제가 이곳의 知縣事(지현사)로 일한 지가 2년이 되었는데 이른바 大戶(대호)의 가정을 보면 농토가 많다 해도 100畝(묘)를 초과하지 않고 적은 가정은 100묘를 채우지 못하고 있습니다. 100묘의 가치는 돈으로 100貫(관) 쯤 되고 가장 좋은 토지도 그 가치가 200관 전후가 될 뿐입니다. 대체로 식구가 수 명인 집의 가족부양과 장례비용은 모두 농토의 수입에서 나옵니다. 주와 현의 각종 많은 비용 또한 백성의 가정에서 나온 것 들 입니다. 지금 농사와 양잠 일을 하는 집에서 때맞추어서 얻을 수 없는 것이 돈입니다. 그런데 관부에서 현상금을 내라고 요구해도 낼 수가 없게 됩니다. 그러면 그 사이에 반드시 농토를 팔아서 책임에 부응하려는 사람이 있을 것 입니다. 양민에게 농토를 팔게 하여 그 돈으로 무뢰한 고발인에게 상을 주는 것은 政事(정사)처리하는 방법이 아닙니다. 또한 그 중에 주와 현의 명령에 저항하고 제때에 돈을 납부하지 않는 자가 반드시 있을 것 입니다. 그러면 주와 현에서는 부득불 잡아다가 매질하고 형틀에 채우며 독촉하게 될 것입니다. 관리와 백성을 잡아 매질을 하며 돈을 내게 함으로써, 불법으로 소금을 제조 판매한 이를 잡는 현상금에 충당하게 하는 것입니다. 이것 또한 정사를 처리하는 방법이 아닙니다.

또 "관리들이 다스릴 때에 마땅히 무엇을 기준으로 삼아야 합니까?" 하면 반드시 말하기를: "옛날의 군자를 본받아야 한다." 할 것 입니다. 약점을 들춰내어 고발하고 받는 이익을 중히 여겨서 풍속을 파괴하고 강제로 징수하는 폐해를 넓히며 시장을 농단하여 이익을 취하는 것을 급선무로 여깁니다. 이로써 백성들의 마음을 잃고 국가는 부득이한 禁令(금령)을 인습하여 더욱 가중됩니다. 옛날의 군자들은 이렇게 하지 않았을 것입니다. 범법자는 끊이지 않고 고발하는 자도 줄어들지 않으니, 몰래 소금 파는 금액은 이전의 전매하는 수준으로 회복하지 못합니다. 그런즉 포상금을 징수하는 형세도 중단될 수가 없습니다. 그 포상금은 어떻게 징수할 것 입니까? 관리의 집에서 낸다면 관리들은 본래 많이 빈곤하여 소유한 것이 없습니다. 큰 농가에서 낸다면 큰 농가 중에는 이 때문에 파산하여 실직하는 자가 생기게 될 것입니다. 어찌 어진 사람이 윗자리에 있으면서 아래에서 실직하는 백성이 있게 할 수 있겠습니까? 윗자리에 있는 어진 사람이 성과가 있으면 세상에서는 이런 분을 지칭하여 스승이라고 하니, 그 때문에 신중하지 않을 수 없는 것입니다. 만약 세상에 윗자리에 있는 관리가 각하의 이런 일을 모방하면 당신의 신의가 손상되지 않겠습니까? 윗자리에 있는 사람들이 이것을 좋아하면 아래에 있는 사람들은 더욱 심하게 됩니다. 각하가 이렇게 방금 행하여, 어떤 사람이 각하에게 문의하면 담당부서에서 포상금액을 더욱 많이 징수하여 고발하는 사람들을 격려해야 한다고 할 것입니다. 그 때문에 저는 삼가 각하께서 하고자 하는 일을 신중히 처리하지 않으면 안 된다고 여깁니다.

천하의 관리들이 선왕의 도를 행하지 않고 財利(재리)위주가 된다면 그들이 말하는 利(이)는 또 정당한 수단으로 얻은 이익이 아니고 이것은 하루 아침에 이루어지는 것이 아닙니다. 관청은 날로 궁색해지고 백성들은 날로 빈곤해져서 원한을 품게 될 것 입니다. 천하에 이런 형세가 끊임없이 쌓여서 이런 지경에 이르게 될까봐 늘 두렵습니다. 비록 이런 상황을 힘을 다해 피하려 한다 해도 이미 어찌 할 수가 없게 되면, 이런 일을 위하여 변명을 할 것입니다. 그것은 섶을 안고서 불을 끄려 하는 것과 무엇이 다르겠습니까? 삼가 각하를 위하여 유독 이를 애석하게 여기는 바입니다. 각하의 권세에서 반드시 현재의 법령을 바꾸어 옛날처럼 하고자 하는 것은 본래 불가능합니다. 스스로 능력이 없는 것이 아니라 현재의 형편상 할 수 없는 것입니다. 지금의 법을 따르고 변경하지 않는 것이 무슨 불가한 일이 있기에 기필코 가중시키려는 것 입니까?

생각하옵건대 각하께서는 늘 천자의 측근에 계시면서 고금의 흥망과 治亂(치란)을 논하셔서 세상에 크게 업적을 남기실 것입니다. 그리하여 二帝(이제)와 三代(삼대)의 훌륭한 치세를 회복하려고 하였지만 할 수 없는 일입니다. 이런 일들이 어찌 강론하고 설명해서야 이해되는 것 입니까? 당신은 이제 한걸음 물러나서 재정을 관리하여 조세 수입 증가를 모색하십니다. 이것은 공공기간의 비용에 충당할 조세의 부족에 쫓겨서 형편상 어쩔 수 없는 형세로 이런 조치를 취하면서 하신 것 같습니다. 그래서 일시의 급박함을 느슨해 하고자 하였습니다. 비록 그러하나 각하 또한 잘못이 있으시니, 재정의 이익을 얻어 일체의 폐단을 구제하는 방법이 될 수 없기 때문입니다. 각하께서는 옛 전적에 대하여 보지 않은 것이 없으신데, 책에서 본 도리는 옛날에 이미 일어났던 일로써 검증하는 것으로 쉽고도 분명하게 알 것입니다. 그러니 제가 글을 써서 설명하는 것을 기다리실 것도 없습니다. 一尺(일척)을 굽히면서 八尺(팔척)을 펴듯이 조금 손실이 있으면서 크게 이익을 얻는 바가 있는 일도 옛 현인들은 오히려 하려 하지 않았으니, 어찌 이런 일을 할 수 있겠습니까?

현재, 아랫자리에 있는 선비들은 점진적으로 물들어서 구차하게 순종하는 것이 득이 된다고 여겼습니다. 윗자리에 있는 사람 또한 왕왕 바른말 하는 사람을 미워해서, 말이 자기의 뜻에 거스르는 것이 있으면 곧 성을 내고 이를 들으려 하지 않습니다. 그러므로 아랫사람은 자신의 생각을 윗사람에게 말하지 못하고 윗사람은 자신의 허물을 들을 수 없게 되었습니다. 그래서 방자하게 하고 싶은 대로 하고 있습니다. 윗자리에 있으면서 아랫사람에게 자신의 생각을 말할 수 있게 하는 분은 오직 각하 뿐이고 그 직책상 자신의 뜻을 말하지 않을 수 없는 사람은 바로 저 뿐입니다. 바라옵건대 관심을 가지고 들어주시면 다행이겠습니다. 법령이 비록 이미 시행하고 있지만 보완하고 변경하는 것이 역시 그대로 진행하며 悔改(회개)하지 않는 것 보다는 나을 듯합니다. 많은 무례를 범했습니다.

◈ 작품 감상 및 분석

본문은 慶曆(경력) 8년(1048)에 왕안석이 鄞縣(은현)(현 절강성 寧波)에 근무 했을 때 지은 것이다. 은현은 바닷가에 접해 있어 많은 백성들이 염전을 하면서 생활하였다. 송나라가 전국을 통일한 후 소금은 정부의 전매로 바뀌어졌고 개인의 소금 판매는 불가하였다. 그러나 세금 징수가 과도하였기에 일부 백성들은 생명위험을 무릅쓰고 소금을 몰래 만들어서 팔았다. 때문에 당시 세금 주관 부서인 轉運使(전운사)는 현상금을 걸고 소금 파는 이를 체포하고자 하였다. 심지어는 사형에 이르게 하였으나 이런 방법으로 결코 사태를 막을 수 없는 것이다. 지방 관리인 왕안석은 이러한 사실을 직접 목격하고 반드시 관리의 횡포가 심하면 백성은 반발하는 것을 통감하였다. 국가의 오랜 통치와 안정을 위하여 의연히 轉運使(전운사)에게 글을 올려 사형에 이르는 禁令(금령)의 취소를 요구하였다.

왕안석은 편지에서 단도직입적으로 "購人捕鹽" 곧 악정의 危害(위해)를 제기하였다. 먼저 은현의 자연조건과 경제상황을 구체적으로 분석하고 이 악정은 "爲政"의 정확한 방법이 아니라고 하였다. 또 악정은 "古之君子"의 행위와 뚜렷하게 상반되기에 전운사는 "變今之法令"하기는 어렵지만 "枉尺直尋而利"를 할 수는 없다고 하였다. 이로써 당시 윗사람이 하는 대로 아랫사람이 따라하는 나쁜 습속을 통렬히 비판하였다.

왕안석은 은현 재직기간에 다방면에 걸쳐 孫司諫 (손사간)에게 글을 올렸는데 예를 들어 〈上浙漕孫司諫薦人書〉,〈上運使孫司諫啓〉에서는 정치, 경제 방면문제에 대하여 건의와 의견을 제출했다. 본문은 논술이 힘차고 밝으며 작가의 포부와 정치 감각 등을 표출한 작품이다.

上人書

嘗謂文者禮敎治政云爾[1]. 其書諸策而傳之人[2], 大體歸然而已[3]. 而曰 "言之不文, 行之不遠" 云者[4], 徒謂辭之不可以已也[5], 非聖人作文之本意也.

自孔子之死久, 韓子作[6], 望聖人於百千年中, 卓然也. 獨子厚名與韓並[7], 子厚非韓比也, 然其文卒配韓以傳[8], 亦豪傑可畏者也. 韓子嘗語人以文矣,

---

1) 治政(치정): 정치. 云爾(운이): 而已(이이), 할 따름이다.
2) 策(책): 종이가 없던 옛날에 글을 썼던 竹簡(죽간)이지만 본문에서는 서적.
3) 然(연): 如此(여차), 이와 같다.
4) 言之(언지): 《左傳》襄公25년: "言之無文, 行而不遠."
5) 徒謂(도위): 단지 말하다. 已(이): 버려두다, 버리다.
6) 韓子(한자): 韓愈(한유).
7) 子厚(자후): 柳宗元(유종원)(773-819), 자는 자후, 唐代(당대) 유명한 문학가이다. 한유와 같이 古文運動(고문운동) 창도자로 "韓柳(한유)"로 병칭한다.

曰云云; 子厚亦曰云云. 疑二子者, 徒語人以其辭耳. 作文之本意, 不如是其已也[9].

孟子曰: "君子欲其自得之也. 自得之則居之安, 居之安則資之深, 資之深則取諸左右逢其原."[10] 孟子之云爾, 非直施於文而已[11], 然亦可託以爲作文之本意[12].

且所謂文者, 務爲有補於世而已矣; 所謂辭者, 猶器之有刻鏤繪畫也. 誠使巧且華, 不必適用; 誠使適用, 亦不必巧且華. 要之以適用爲本, 以刻鏤繪畫爲之容而已[13]. 不適用, 非所以爲器也; 不爲之容[14], 其亦若是乎? 否也. 然容亦未可已也, 勿先之其可也.

某學文久, 數挾此說以自治[15]. 始欲書之策而傳之人, 其試於事者, 則有待矣. 其爲是非邪? 未

---

8) 卒(졸): 마침내. 配(배): 필적하다.
9) 是(시): 이렇게. 已(이): 그치다.
10) 君子(군자): 《孟子·離婁下》: "君子深造之以道, 欲其自得之也."
11) 直(직): 다만. 施(시): 시행하다.
12) 託(탁): 借(차), 빌리다.
13) 刻鏤(각루): 조각.
14) 容(용): 외표, 표면.
15) 數(삭): 자주. 自治(자치): 학문을 연구하는 일.

能自定也. 執事[16], 正人也, 不阿其所好者[17]. 書雜文十篇獻左右[18], 願賜之敎, 使之是非有定焉.

◈ 상인서 번역

나는 "문장이란 禮敎(예교)와 政事(정사)를 다스리는 것이라고 말한 적이 있을 뿐이다. 그것이 서적에 기록되어 있어서 사람들에게 전해 오는데, 대체로 여기에 귀착될 뿐이다.", "말은 수식을 가하지 않으면 멀리까지 전해질 수 없다."고 하였는데 다만 "수사를 하지 않을 수가 없는 것이다." 라고 한 것은, 그것이 성인이 문장을 짓는 본의는 아니기 때문입니다.

공자께서 돌아가시고 많은 세월이 지난 후에 한유가 일어나서 천백 년의 쇠미했던 가운데 성인을 본받고자 하심이 특별히 뛰어났습니다. 유독 柳子厚(유자후)만이 한유와 이름을 나란하였으나, 자후는 한유와 비교가 되지 않았습니다. 그러나 그의 문장이 끝내 한유와 짝이 되어 나란히 전해졌으니, 그 또한 호걸로서 경외할 만한 사람입니다. 한유는 일찍이 사람들에게 글 쓰는 것에 대하여 말하기를: "……云云(운운)" 하였고 유종원 또한 말하기를: " ……云云(운운)" 하였

---

16) 執事(집사): 편지 중에 상대방을 지칭하여 존경을 표현하였다.

17) 阿(아): 아첨하다.

18) 雜文(잡문): 〈與祖擇之書〉에서 언급한 "書·序·原·說" 등의 문장.

다. 이는 아마도 두 분이 사람들에게 다만 그 문장의 꾸밈만을 말한 것일 뿐이요, 문장을 짓는 본의는 이렇게 만족하는 것이 아닙니다.

맹자가 말하기를: "군자는 학문을 깊이 연구하여 스스로 깨달음이 있는데, 스스로 깨달음이 있으면 전념하여 연구할 수 있다. 전념하여 연구하면 추구하여 도달한 경지가 심오해지며, 추구하여 도달한 경지가 심오해지면 좌에서 추구하든 우에서 추구하든 모두 도의 본원을 만날 수 있게 된다."고 하였습니다. 맹자가 이와 같이 말한 것은 문장만을 곧바로 지적한 것은 아니지만, 그러나 또한 여기에 문장을 짓는 본래의 의의를 빌렸다고 할 수 있습니다.

또 이른바 문장이라는 것은 반드시 세상에 도움이 되게 해야 합니다. 이른바 문장의 수식이라는 것은 그릇에 조각과 그림이 있는 것과 같은 것입니다. 진실로 공교롭고 화려하더라도 반드시 그릇을 사용하기에 적합하지 않습니다. 진실로 사용하기에 적합하더라도 또한 반드시 공교롭고 화려하게 꾸며야 할 필요가 없습니다. 요컨대 사용하기에 적합한 것이 근본이 되고 조각과 그림을 가하는 것은 표면의 장식에 불과할 뿐인 것입니다. 사용하는데 적합하지 않으면 그릇이 될 수 없습니다. 표면의 장식을 수식하지 않으면 그 역시 이와 같은 것 입니까? 아닙니다. 그러나 표면의 장식 또한 안할 수 없지만, 적합한 사용 보다 앞세우면 안 됩니다.

저는 문장을 배운지는 오래 되었지만 자주 이 관점을 가지고 문장의 연구와 작품 창작을 하였습니다. 이러한 견해로 문장을 써서 다른 사람에게 전하려고 했는데 政務(정무)상에서의 실천은 일정한 시간을 기다려야 할 것 같습니다. 그것이 옳은 일인지 그른 일이지를 스스로 단정할 수 없습니다. 당신은 정직한 분입니다. 사람들이 좋아하는 것에 사사로이 치우치지 않으실 분이므로, 쓴 잡문 10편을 드리니 가르침을 주시고 옳고 그름을 평가할 수 있게 해주시기를 바랍니다.

◈ 작품 감상 및 분석

이 편지의 내용은 〈與祖擇之書〉와 비슷한데 왕안석의 문학관을 밝힌 문장이다. 〈與祖擇之書〉는 慶曆(경력) 6년에 지었는데 〈上人書〉도 같은 시기의 작품인 것 같다.

본문에서는 서신의 형식을 통하여 文(문)과 辭(사)의 관계를 논하였는데 곧 文은 문장의 본의이고 辭(사)는 문장의 수사를 가리키는 것이다. 문학의 내용은 "禮敎治政"의 범위를 벗어날 수 없고 문학의 작용은 "有補於世"에 있다는 것이다. 때문에 문학의 내용과 형식의 관계에서 반드시 내용을 중시한다고 명확하게 밝혔다. 文(문)에 辭(사)가 있으면 "猶器之有刻鏤繪畫"라고 하였다. 곧 그릇을 만드는 본의는 쓰임에 있는 것이고 그림과 조각을 새기는 것은 미관을 첨가하는 장식에 속하는 것이다. 내용을 중시하지만 결코 형식을 경시하는 것은 아니고 다만 양자 간에 輕重(경중)이 있는 것이다. 그러므로 이르기를: "容亦未可已也, 勿先之其可也."라고 하였다. 그는 고문가들이 비록 文以載道(문이재도)를 칭찬하였지만 그 진실의 깨달음은 文에 있지 道에 있는 것은 아니라고 하였다. 문중에서 말하는 韓愈(한유)와 柳宗元(유종원) "徒語人以其辭"는 바로 이런 의미인 것이다. 본문은 왕안석이 청년시기에 비교적 계통 있는 문학관을 갖추고 있음을 보여준 문장으로, 비유를 통하여 文(문)과 辭(사)의 관계를 설명하였고 虛字(허자)의 역할을 잘 발휘하여 "者", "也", "云爾","而已" 등 어조사로 정감이 있는 문장을 구성하였다.

與祖擇之書[1]

治敎政令[2], 聖人之所謂文也. 書之策, 引而被之天下之民[3], 一也. 聖人之於道也, 蓋心得之, 作而爲治敎政令也, 則有本末先後, 權勢制義[4], 而一之於極[5]. 其書之策也, 則道其然而已矣. 彼陋者不然[6], 一適焉, 一否焉, 非流焉則泥[7], 非過焉則

---

1) 祖擇之(조택지): 본명은 祖無擇(조무택), 자는 택지로 上蔡(상채)(현 하남성)사람. 嘉祐(가우) 년간에 왕안석과 같이 知制誥(지제고) 관직생활을 하였다.

2) 治敎政令(치교정령): 나라를 다스리고 교화를 할 수 있는 정책과 법령.

3) 引(인): 인도하다. 被(피): 미치다.

4) 權勢制義(권세제의): 형세를 가늠하고 예의를 제정하다. 義(의): 儀(의), 禮儀(예의).

5) 之(지): 가다. 極(극): 준칙.

6) 陋(누): 천박하다.

7) 流(유): 흘러내리다. 방임하다. 泥(니): 구속받다. 어색하다.

不至. 甚者置其本, 求之末, 當後者反先之, 無一焉不悖於極[8]. 彼其於道也, 非心得之也, 其書之策也, 獨能不悖耶? 故書之策而善, 引而被之天下之民反不善焉, 無矣. 二帝、三王、引而被之天下之民而善者也[9]; 孔子、孟子, 書之策而善者也, 皆聖人也, 易地則皆然[10].

某生十二年而學, 學十四年矣. 聖人之所謂文者, 私有意焉, 書之策則未也. 間或悱然動於事而出於詞[11], 以警戒其躬[12]; 若施於友朋, 褊迫陋庳[13], 非敢謂之文也. 乃者[14], 執事欲收而敎之使獻焉[15], 雖自知明, 敢自蓋邪[16]? 謹書所爲書、序、原、說若干篇[17], 因叙所聞與所志獻左右, 惟賜覽觀焉.

---

8) 悖(패): 어그러지다. 위배되다.
9) 二帝(이제): 堯(요)임금과 舜(순)임금. 三王(삼왕): 夏(하)·殷(은)·周(주)나라의 건국 임금으로 각각 禹(우)·湯(탕)·文王(문왕).
10) 易地(역지): 장소를 바꾸다. 지위나 각도를 바꾸다.
11) 間或(간혹): 우연히. 悱然(비연): 표현을 못하다. 마음이 움직이다.
12) 其(기): 自己(자기). 躬(궁): 자신.
13) 褊迫(편박): 좁다. 陋庳(누비): 보잘 것 없고 저속하다.
14) 乃子(내자): 이전, 지난 날.
15) 收(수): 收用(수용)하다.
16) 蓋(개): 덮다. 자신의 단점을 감추다.
17) 書(서): 편지. 序(서): 書序(서서)와 贈序(증서). 原(원): 논설문의 일종으로 문제의 本義(본의)를 추구하는 문체. 說(설): 자기의 견해로 義理(의리)를 해석하는 문체.

◈ 여조택지서 번역

나라를 다스리고 교화를 할 수 있는 정책과 法令(법령)이 성인이 말씀하신 문장이니, 책에 써 있습니다. 이를 천하의 백성에게 시행하는 효과는 일치합니다. 성인이 도를 마음속에 터득하고 이를 제도화하여 정치 교화와 각종 정령으로 삼으면, 근본 되는 일과 지엽적인 일, 앞서 할 일과 뒤에 할 일 등 형세를 가름하고 예의를 제정하며 일정한 준칙에서 통일되어야 합니다. 이러한 것이 책에 쓰여 있는 문장이니 그의 도리를 명백히 논술할 따름입니다. 저 천박한 사람들은 그렇지가 않아서, 어느 때에는 옳다 하였다가 어느 때에는 그르다 하고, 방임하지 않으면 구속받고, 지나치지 않으면 모자랍니다. 심한 사람은 그 근본이 되는 일은 방치하고 지엽적인 일만 추구합니다. 마땅히 뒤에 해야 할 일을 도리어 먼저 하여 어느 한 가지도 최고의 준칙에 어그러지지 않는 것이 없습니다. 그들은 도에 대하여 마음속에 터득한 것이 없으니, 그들이 책에 기록해 놓은 것에 오류가 없을 수 있겠습니까? 그러므로 책에 기록해 놓은 문장 내용이 좋고 그것에 근거하여 천하의 백성에게 시행하는데 오히려 좋지 않다고 하는 이러한 상황은 없을 것입니다. 二帝(이제)와 三王(삼왕)은 治敎(치교)와 政令(정령)을 운용하고 천하 백성을 관리하는데 좋은 효과를 거둔 성인들입니다. 공자와 맹자는 治敎(치교)와 政令(정령)을 책에 기록하여 좋은 역할을 한 인물들입니다. 모두 같은 성인들이고 그들은 입장이 바뀌었더라도 모두 그렇게 하였을 것입니다.

저는 태어난 지 12년이 되었을 때 공부를 시작하여 이제 배운지 14년이 되었습니다. 성인의 이른바 문장이라는 것에 대하여 개인적으로 생각한 것은 있으나 책으로 만든 것은 아직 없습니다. 우연히 어떤 일에 마음이 격동한 것을 문사를 표현하였는데 이것은 자신을 경계하기 위함이었습니다. 친구에게 써주었던 것은 心胸(심흉)과 견문이 좁고 보잘 것 없어 감히 이를 문장이라 칭할 수 없습니다. 이전에 당신께서 거두어 가르침을 주시고자 하여 문장을 바치라고 하시니, 비록 자신의 부족함을 분명히 알고 있지만 감히 자신의 단점을 감출 수가 있겠습니까? 이에 삼가 제가 書(서), 序(서), 原(원), 說(설) 등 몇 편을 썼습니다. 이어서 저의 견식과 소망을 서술하여 당신께 드리니 보시기를 바랍니다.

◈ 작품 감상 및 분석

본문에서 "某生十二年而學, 學十四年矣." 이라 하였는데, 이를 통해 慶曆(경력) 6년(1046), 26세에 저술한 것을 알 수 있다.

왕안석은 문학의 내용과 효과, 역할의 일치성 등의 문제에 대하여 서술하였는데, 편지에서는 본인의 글쓰기 경력과 작문상황을 소개하고 "書, 序, 原, 說" 등 의론문의 기본 관점을 표달하였다. 왕안석은 "治教政令, 聖人之所謂文也……其書之策也, 則道其然而已矣." 라고 하여 문학의 내용은 통치와 교화 등의 정책법령에 벗어나지 않고, 작품의 내용과 효과는 반드시 일치해야 한다고 하였다. 이것은 〈上人書〉에서 이르는 "嘗謂文者, 禮教治政云爾"의 관점과 같은 것이다. 작자는 또 이 방면에서 本末(본말), 전후의 위치가 바뀌거나, 방임 또는 융통성이 없는 등 착오적인 것들을 비평하였다. 그는 문학의 실용성을 강조하고, 특히 經世致用(경세치용)을 중시하였는데 곧 "引而被之天下之民"으로 정치가 왕안석 문론의 특징을 반영한 것이다.

芝閣記

祥符時[1], 封泰山[2], 以文天下之平[3], 四方以芝來告者萬數[4]. 其大吏, 則天子賜書以寵嘉之[5]; 小吏若民[6], 輒錫金帛[7]. 方是時, 希世有力之大臣[8], 窮搜而遠采; 山農野老, 攀緣徂杙[9], 以上至不測

---

1) 祥符(상부): 송나라 眞宗(진종) 趙桓(조환)(1008-1016)의 연호로 정식명칭은 '大中祥符'(대중상부)
2) 泰山(태산): 제왕들은 天命論(천명론)을 널리 알리기 위해 태산에 가서 封禪(봉선)의식을 거행하였는데 송나라 진종도 祥符(상부) 元年(원년)(1008)에 가서 이 의식을 거행하였다.
3) 文(문): 文飾(문식), 겉치레하다, 꾸미다.
4) 芝(지): 영지, 상서로운 풀.
5) 寵嘉(총가): 은총. 칭찬과 장려.
6) 若(약): 與(여), …와.
7) 錫(석): 賜(사), 하사하다.
8) 希世(희세): 세속에 아부하다.
9) 攀緣(반연): 기어오르다. 徂(조): 狙(저), 원숭이. 杙(익): 말뚝.

之高, 下至澗溪壑谷, 分崩裂絶, 幽窮隱伏, 人迹之所不通, 往往求焉. 而芝出於九州[10]、四海之間[11], 蓋幾於盡矣[12].

至今上卽位[13], 謙讓不德[14]. 自大臣不敢言封禪, 詔有司以祥瑞告者皆勿納[15]. 於是神奇之産, 銷藏委翳於蒿藜榛莽之間[16], 而山農野老不復知其爲瑞也. 則知因一時之好惡, 而能成天下之風俗, 況於行先王之治哉?

太丘陳君學文而好奇[17]. 芝生於庭, 能識其爲芝, 惜其可獻而莫售也[18]. 故閣於其居之東偏, 掇取而藏之[19]. 蓋其好奇如此. 噫! 芝一也, 或貴於天子, 或貴於士, 或辱於凡民[20], 夫豈不以時乎哉?

---

10) 九州(구주): 중국.
11) 四海(사해): 중국 각지.
12) 蓋(개): 대개. 幾(기): 거의.
13) 今上(금상): 송나라 仁宗(인종)이 재위한 1022년에서 1063년.
14) 不德(부덕): 은덕을 베풀지 않다.
15) 納(납): 접수하다.
16) 銷藏委翳(소장위예): 소실되고 숨기며, 밀리고 감추다. 蒿藜榛莽(호려진망): 잡초가 무성하다.
17) 太丘(태구): 하북성 永城(영성). 陳君(진군): 이름은 전해지지 않음.
18) 售(수): 행하여지다.
19) 掇取(철취): 채취하다.
20) 辱(욕): 매몰되다.

士之有道, 固不役志於貴賤[21]), 而卒所以貴賤者[22]), 何以異哉? 此予之所以歎也. 皇祐五年十月日記.

◈ 지각기 번역

祥符(상부) 연간(1008)에 태산에서 封禪(봉선)의식을 행하여 천하의 태평함을 겉치레하니 전국 각지에서 靈芝(영지)를 가지고 와서 아뢰고 바친 사람 수가 만 명에 이르렀다. 그들 가운데 대신들에게는 천자께서 詔書(조서)를 내려서 칭찬과 상금을 주셨고, 하급관리와 백성들에게는 황금과 비단을 하사하셨다. 이때에 세속에 아부하는 대신들은 영지를 힘을 다해 찾거나 먼 곳에서 캐어왔다. 산과 들에 사는 농부와 늙은 이들은 원숭이처럼 나무에 올라갔다. 또 위로는 헤아릴 수 없는 높은 곳까지 이르고, 아래로는 산간계곡, 무너져 갈라진 절벽, 으슥하게 숨겨진 곳으로 인적이 통하지 않았던 곳까지 찾아가서 왕왕 영지를 구하였다. 이에 중국 천하 각지의 영지가 거의 모두 없어져버렸다.

지금의 황상께서 즉위하자 겸양과 검소함을 드러내시고 덕이 없음을 스스로 표명하시기에 대신들이 감히 봉선의식

21) 役(역): 일을 시키다. 마음대로 부리다.
22) 卒(졸): 최후.

을 행하자는 말을 할 수 없었다. 담당부서에 명하여 길상의 징조로 靈芝(영지)가 발견되었으니 바치겠다고 아뢰는 자가 있어도 모두 받아들이지 못하게 하였다. 이에 신기한 산물인 영지가 잡초가 무성한 곳에서 소실되고 매몰되었다. 시골에 사는 농부와 늙은이들도 영지가 상서로운 것임을 다시는 알지 못했다. 그런즉 한 시대의 통치자가 좋아하고 싫어함 때문에 천하의 풍속을 형성할 수 있다. 하물며 先王(선왕)의 治理(치리)하는 방법을 실천함에 있어서야?

太丘縣(태구현)의 陳君(진군)은 글을 배운 사람인데 진귀하고 기이한 물건을 좋아하였다. 영지가 뜰에서 자라니 그것이 영지임을 알아보았다. 나라에 바칠 수 있으나 행할 수 없음을 애석하게 여겼다. 그리하여 그가 거처하는 동편에 芝閣(지각)을 건립하고 이를 채취하여 이곳에 간직하였다. 대체로 그가 기이한 일 하기를 좋아함이 이와 같았다. 영지는 똑같은데 어느 때에는 천자에게 귀한 대접을 받기도 하고, 어느 때에는 선비에게 귀한 대접을 받기도 한다. 어느 때는 평민 손에 매몰되기도 하는데 어찌 시기의 다름 때문이 아니겠는가? 선비가 도가 있다면 본래 귀한 대접을 받건 천한 대접을 받건 마음을 쓰지 않는다. 그러나 최후에 귀한 것이 있거나 천하게 되는 것에 왜 다른 것이 있는가? 이것이 내가 탄식하는 까닭이다. 皇祐(황우) 5년 10월 모일에 씀.

◈ 작품 감상과 분석

997년 송나라 태종 趙炅(조경)이 서거하자 태자 趙恒(조항)이 즉위하였는데, 이가 곧 제 3대 眞宗(진종)이다. 송나라가 통일이 되어 사회, 경제는 초보적인 발전을 하였으나 진종 때에는 기존의 발전도 유지하지 못했다. 오히려 그는 사치와 음탕한 생활을 하였다. 그는 대대적으로 태산에 가서 封禪(봉선)의식을 거행하여 태평함을 온 천하에 알리고 상서로운 영지를 구하였다. 이 때문에 전국적으로 서로 영지를 다투어 채집하여 진상하였다. 그리하여 갑자기 영지의 가격이 예전보다 백 배나 뛰었다. 1022년 송나라 眞宗 (진종)이 서거하자 태자 趙禎(조정)이 즉위하였는데 곧 仁宗(인종)이다. 전대의 일을 교훈삼아서 인종은 검약을 표방하고 상지 진상하는 것을 금지시켰다. 왕안석의 친구 陳君(진군)은 귀한 영지를 얻고서도 진상할 수 없게 되자 집에 소장하고 왕안석을 초대하여 이 글을 저술하게 하였다.

본문은 송 인종 皇祐(황우) 5년(1053)에 저술한 것으로, 진종 재위 시 전국적으로 영지를 찾게 하였지만 인종 때에는 영지에 관심을 가지고 물어보는 사람이 없는 상황을 서술하였다. 영지라는 동일한 물건이 진종과 인종 때 완전히 다른 대접을 받았는데, 영지의 때를 만남이 사대부의 진퇴와 연관시켜 영지의 처지가 곧 당시 사대부의 운명과 같다고 표현하였다. 곧 당시 조정에서의 用人(용인)정책에 대한 불만을 내포한 본문은 叙事(서사)와 의론이 잘 녹아있다.

信州興造記

晉陵張公治信之明年[1], 皇祐二年也. 姦彊帖柔[2], 隱詘發舒[3], 旣政大行, 民以寧息[4]. 夏六月乙亥[5], 大水. 公徙囚於高嶽[6], 命百隸戒[7], 不共有常誅[8]. 夜漏半[9], 水破城, 滅府寺[10], 苞民廬居[11].

---

1) 晉陵(진능): 강소성 常州(상주). 張公(장공): 이름은 전해지지 않는다.
2) 姦彊帖柔(간강첩유): 사악한 자는 고분고분하고, 오만무례한 자는 순종하다. 彊(강): 强(강). 柔(유): 순종하다.
3) 隱詘發舒(은굴발서): 은둔자는 기용하고, 누명을 쓴 자는 풀어주다. 詘(굴): 뜻을 굽히다.
4) 寧息(영식): 安寧(안녕).
5) 六月乙亥(육월을해): 음력 6월 19일.
6) 徙(사): 옮기다.
7) 百隸(백예): 각종 하급관리. 戒(계): 警戒(경계).
8) 不共(불공): 공손하지 않다. 共(공): 恭(공). 常誅(상주): 규정대로 징벌.
9) 夜漏半(야루반): 한밤중. 漏(루): 고대에 물을 떨어뜨려서 시간을 알리는 기구.
10) 滅(멸): 물에 잠기다.

公趨譙門[12]，坐其下，敕吏士以桴收民[13]，鰥寡孤老癃與所徙之囚[14]，咸得不死[15].

丙子[16]，水降. 公從賓佐按行隱度符縣[17]. 調富民水之所不至者夫錢[18]，戶七百八十六; 收佛寺之積材一千一百三十有二. 不足，則前此公所命富民出粟以賙貧民者三十三人[19]，自言曰: "食新矣，賙可以已，願輸粟直以佐材費[20]." 七月甲年[21]，募人城水之所入[22]，垣郡府之缺[23]，考監軍之室[24]，立司理之獄[25]. 營州之西北亢爽之墟[26]，以宅屯駐之師[27]，除其故營，以時教士刺伐坐作之法[28]，故

---

11) 苞(포): 包(포), 포위하다.
12) 譙門(초문): 망루.
13) 桴(부): 뗏목.
14) 鰥寡(환과): 홀아비와 과부, 곧 늙고 의지할 것이 없는 사람. 癃(륭): 손과 발이 아픈 사람.
15) 咸(함): 모두.
16) 丙子(병자): 음력 6월 20일.
17) 按行(안행): 순찰하다. 隱度(은도): 상세히 조사하다.
18) 夫錢(부전): 인력과 금전.
19) 賙(주): 나누어 주다.
20) 輸(수): 배달하다. 直(직): 値(치), 가치.
21) 七月甲午(칠월갑오): 음력 7월 9일.
22) 城(성): 성벽을 세우다.
23) 垣(원): 담을 수리하다. 郡府(군부): 州府(주부). 縣(현) 위의 행정구획명.
24) 考(고): 준공하다. 監軍(감군): 官名(관명)
25) 司理(사리): 소송사건을 장악한 관명.
26) 亢爽(항상): 높고 훤하다. 墟(허): 폐허.

所無也. 作驛曰饒陽[29], 作宅曰廻車. 築二亭於南門之外, 左曰仁, 右曰智, 山水之所附也. 梁四十有二, 舟於兩亭之間, 以通車徒之道[30]. 築一亭於州門之左, 曰宴, 月吉所以屬賓也[31]. 凡爲梁一, 爲城垣九千尺, 爲屋八. 以楹數之[32], 得五百五十二. 自七月九日, 卒九月七日, 爲日五十二, 爲夫一萬一千四百二十五. 中家以下, 見城郭室屋之完, 而不知材之所出; 見徒之合散, 而不見役使之及已. 凡故之所有必具, 其所無也, 迺今有之[33]. 顧其經費, 卒不出縣官之給. 公所以救災補敗之政如此, 其賢於世吏則遠矣.

今州縣之災相屬[34], 民未病災也[35], 且有治災之政出焉. 施舍之不適[36], 裒取之不中[37], 元姦宿

---

27) 宅(택): 거주하다.
28) 刺伐(자벌): 찔러 죽여서 공격하다. 坐作(좌작): 방어하다.
29) 驛(역): 역참, 파발.
30) 車徒(차도): 수레와 행인.
31) 月吉(월길): 朔日(삭일), 음력 초하루. 屬(촉): 기울이다. 술을 권하다.
32) 楹(영): 집 한 칸.
33) 迺(내): 乃(내), 이에.
34) 相屬(상촉): 서로 잇다.
35) 病(병): 책망하다.
36) 適(적): 적당하다.
37) 裒取(부취): 모으다.

豪舞手以乘民[38], 而民始病. 病極矣, 吏乃始謷然自喜[39], 民相與誹且笑而不知也[40]. 吏而不知爲政, 其重困民多如此[41]. 此予所以哀民, 而閔吏之不學也[42]. 由是而言, 則爲公之民, 不幸而遇害災, 其亦庶乎無憾矣[43]. 十月二十日, 臨川王某記.

◈ 신주흥조기 번역

晉陵(진능) 張公(장공)께서 信州(신주)를 다스린 지 2년째 되는 해가 皇祐(황우) 2년입니다. 그의 다스림 하에 사악한 자는 고분고분하게 되고, 오만불손한 자는 순종하였다. 은둔자는 기용되었고 누명을 쓴 자는 풀어주었다. 州政이 크게 다스려져 백성들은 편안하게 지낼 수 있었다. 여름 6월 19일에 큰 홍수가 났다. 張公(장공)은 죄인들을 높은 땅으로 옮기고 여러 관리들에게 경계를 하도록 명하여 공손하게 따르지 않는 사람은 규정대로 징벌하도록 하였다. 한 밤 중에 물이

38) 元姦宿豪(원간숙호): 크게 간사하고, 불법을 자행하는 악한 무리. 乘民(승민): 백성을 업신여기다.
39) 謷然(오연): 오만한 모양.
40) 誹(비): 비방하다.
41) 重(중): 加重(가중)하다.
42) 閔(민): 憫(민), 불쌍히 여기다.
43) 庶乎(서호): 幾乎(기호), 거의.

城(성)을 파괴하고 관부와 절이 물에 잠기고 백성들의 거주지도 포위하였습니다. 장공은 망루로 달려가 그 아래에 앉아서 관리와 군사들에게 명령하여 뗏목으로 백성들을 구제하여, 홀아비와 과부, 고아, 늙은이, 수족을 마음대로 쓰지 못하는 환자 등과 옮겨 놓은 죄수들이 모두 죽지 않게끔 하였다.

20일에 물이 빠지자 장공은 막료와 보좌관들과 같이 순시하며 각 현의 상황을 조사하고, 수해 입지 않은 부자들의 인력과 금전을 조사하였는데 모두 786가구이다. 사찰에 축적한 목재 1132양을 징수하였으나 부족하였다. 이에 먼저 장공은 부자에게 명하여 곡식을 내어 빈민을 구휼하도록 한 사람이 33인이 있었다. 말하기를: “식량은 이미 새것이 있고 구제한 일은 그칠 수 있으니, 곡식 값을 수송하여 이로써 수재 복구의 자재를 구입할 비용에 보태기를 원한다” 고 하였다. 7월 9일에는 사람들을 모집하여 물이 들어왔던 곳에 성벽을 쌓고 관청의 허물어진 곳에는 담장을 수리하였다. 監軍(감군)의 관부를 낙성하고 司理(사리)의 감옥을 설립하였다. 營州(영주)의 서북쪽 높은 폐허에 병영을 세우고 주둔한 군대를 거주하게 하였다. 이전의 군영 건물은 없앴으며, 때에 맞추어 군사들에게 찔러 죽여서 공격하고 방어하는 전법을 가르치니 이전에는 없던 것들이었다. 驛(역)을 지어 饒陽驛(요양역)이라 하고 주택을 지어 廻車宅(회거택)이라 하였다. 남문 밖에 두 동의 정자를 지어 왼쪽에 있는 것을 仁亭(인정), 오른 쪽에 있는 것을 智亭(지정)이라 하였다. 물 가까이에 있는 것을 지정, 산 가까이 있는 것을 인정이라 하였다. 42척 길이의 다리는 선박처럼 두 정자 사이에 가로놓여 있어 수레와 행인의 도로로 통행된다. 州門(주문)의 왼쪽에 한 정자를 세워서 宴亭(연정)이라 하고, 매월 1일에 손님에게 술을 권했다. 총체적으로 교량 하나를 세우고 성과 담장 9천 척을 쌓았으며 건물 8동을 지었다. 방으로 세어보면 552 칸이 된다. 7월 9일부터 9월 7일까지 52일이 걸린 것이고, 인부 1만 1천 425명을 동원하였다. 중류 이하의 가정은 담장이나 건물이 완전해진 것을 보았지만 재료가 어디에서 온지를 모른다. 공사하는 사람들이 모이고 분산하는 것을 보았지만 役事(역사)에 동원하여 부리는 일이 그들에게는 미치지 않았다. 과거에 있던 모든 건물들은 반드시 다 구비되었고, 이전에 없던 것들도 이제는 갖추어지게 되었다. 그러나 이런 경비는 끝까지 縣(현)정부에서 제공한 것은 없다. 장공이 재난을 구제하고 무너진 것을 보완한 치적이 이와 같은 것은 그의 현명함이 일반 관리 보다 뛰어 났기 때문이다.

지금 주와 현에 재난이 계속해서 일어나지만 백성들이 재난을 질책하지는 않는다. 재난을 구제하는 조치가 실행되기 때문이었다. 베푸는 것이 적당하지 않고 모아 거두어들이는 것이 알맞지 않은 가운데, 크게 간사하고 불법을 자행하는 매우 악한 무리들이 각종 수단을 동원하여 백성들을 업신여기면 백성들은 불만이 시작된다. 불만이 극에 달하면 관리들은 이에 비로소 오만하게 자신이 은덕을 베푸는 듯이 처리한다. 그러나 관리들은 백성들이 서로 같이 그들을 비난하고 비웃는 것을 모른다. 관리가 되어서 어떻게 처리하는지 정사를 모르면 그들 대부분 이와 같이 백성들의 어려움을 가중시킨다. 이것이 내가 백성들을 불쌍하다고 여기며, 관리들이 기본능력이 없음을 걱정하는 것이다. 이로써 말하면, 장공의 백성이 된 사람들은 불행하게도 재해를 만나기는 하였지만 그들도 거의 무슨 유감이 없을 것이다. 10월 20일, 臨川(임천) 왕안석이 쓰다.

◈ 작품 감상 및 분석

이글은 宋(송) 仁宗(인종) 皇祐(황우) 2년(1050)에 저술하였는데 왕안석은 鄞縣(은현)知縣(지현)의 임기를 마치고 귀로 도중에 信州(신주)(현 江西 上饒)를 지날 때 직접 듣고 본 것을 쓴 것이다.

본문은 3 단계로 나눌 수 있는데 제 1단락에서는 信州(신주)가 홍수로 인해 성곽이 파괴되어 성곽을 재건축하는 이유를 간략하게 서술하였고 두 번째 단락에서는 화재 후 성곽을 다시 건축한 과정을 설명하였다. 문자가 간결하지만 상세하다. 마지막은 의론을 전개하였는데, 곧 자연재해는 미리 다스릴 수 있지만 악정으로 백성들에게 가져오는 재해는 더욱 힘든 것이라고 하였다. 본문을 저술한 목적은 "閔吏之不學也"

이라 하여 관리가 백성을 다스리는 문제에 중점을 두었다.

본문은 서술과 묘사 의론 등을 순차적으로 표현하였는데 〈揚州新園亭記〉와 비슷한 작품이어서 '記' 문체 특징이 잘 나타나 있다.

遊褒禪山記

褒禪山亦謂之華山[1], 唐浮圖慧褒始舍於其址[2], 而卒葬之[3], 以故其後名之曰 "褒禪". 今所謂慧空禪院者[4], 褒之廬冢也[5]. 距其院東五里, 所謂華山洞者, 以其乃華山之陽名之也[6]. 距洞百餘步, 有碑仆道[7], 其文漫滅[8], 獨其爲文猶可識, 曰 "花山".

---

1) 褒禪山(포선산): 安徽省(안휘성) 含山(함산)에 있는 산.
2) 浮圖(부도): 浮屠(부도)라고도 함. 불교도, 불탑, 스님 등으로 다양하게 해석한다. 본문에서는 스님. 慧褒(혜포): 당나라 때 유명한 스님. 含北縣(함북현) 북쪽의 산림을 좋아해서 집을 짓고 거주하였다. 舍(사): 집을 짓다. 址(지): 터. 산기슭.
3) 卒(졸): 마지막.
4) 禪(선): 산스크리스트어 禪那(선나)의 약칭으로 '참선하여 무념무상의 삼매경에 드는 일'. 후에 불교와 관련 있는 인물과 사물에 사용하는데 예를 들면 禪寺(선사), 禪院(선원) 등.
5) 廬冢(여총): 禪房(선방)과 무덤.
6) 陽(양): 산의 남쪽.

今言 “華”如“華實”之“華”者[9), 蓋音謬也[10).

其下平曠, 有泉側出[11), 而記遊者甚衆[12), 所謂 “前洞”也. 由山以上五六里, 有穴窈然[13), 入之甚寒, 問其深, 則其好遊者不能窮也[14), 謂之“後洞”. 余與四人擁火以入[15), 入之愈深, 其進愈難, 而其見愈奇. 有怠而欲出者[16), 曰: “不出, 火且盡”[17). 遂與之俱出. 蓋予所至, 比好遊者尙不能十一[18), 然視其左右, 來而記之者已少. 蓋其又深, 則其至又加少矣. 方是時[19), 予之力尙足以入, 火尙足以明也[20). 旣其出, 則或咎其欲出者[21), 而予亦悔其

---

7) 仆道(부도): 길에 쓰러지다.
8) 漫滅(만멸): 비문이 깎이고 부식되어 글자들이 분명하지 않다.
9) 華(화): 花(화)로 읽어야함.
10) 蓋(개): 아마도.
11) 側出(측출): 옆으로 흐르다.
12) 記遊者(기유자): 동굴 벽에 기념으로 몇 자 적은 사람.
13) 窈然(요연): 深遠(심원)한 모양.
14) 好遊者(호유자): 유람하기를 좋아하는 사람. 窮(궁): 盡(진), 끝. 동굴의 끝까지 가다.
15) 擁火(옹화): 횃불을 들다.
16) 怠(태): 전진하는데 머뭇거리다.
17) 且(차): 장차 …하려고 하다.
18) 不能十一(불능십일): 십 분지 일에 미치지 못하다.
19) 方是時(방시시): 동굴에서 나갈 때에.
20) 明(명): 밝히다.
21) 咎(구): 책망하다.

隨之, 而不得極夫遊之樂也[22].

於是予有歎焉. 古人之觀於天地、山川、草木、蟲魚、鳥獸, 往往有得[23], 以其求思之深而無不在也[24]. 夫夷以近[25], 則遊者衆; 險以遠, 則至者少. 而世之奇偉、瑰怪、非常之觀[26], 常在於險遠, 而人之所罕至焉[27]. 故非有志者, 不能至也; 有志矣, 不隨以止也. 然力不足者, 亦不能至也; 有志與力, 而又不隨以怠, 至於幽暗昏惑而無物以相之[28], 亦不能至也. 然力足以至焉, 於人爲可譏, 而在己爲有悔; 盡吾志也而不能至者, 可以無悔矣, 其孰能譏之乎? 此予之所得也.

余於仆碑, 又以悲夫古書之不存[29], 後世之謬其傳而莫能名者[30], 何可勝道也哉[31]! 此所以學者

22) 極(극): 盡(진). 마음껏 즐기다.
23) 得(득): 心得(심득). 깨달은 바의 사상, 지식 등을 말함.
24) 求思(구사): 탐구하다. 사색하다.
25) 夷(이): 평평하다. 以(이): 而且(이차), 그리고.
26) 瑰怪(괴괴): 웅장하고 아름다우며 기이하다. 非常之觀(비상지관): 평소에 보기 어려운 경치.
27) 罕至(한지): 드물게 이르다.
28) 幽暗(유암): 멀고도 어둡다. 昏惑(혼혹): 미혹시키다. 相(상): 도와주다.
29) 以(이): 因(인), 까닭.
30) 傳(전): 전해지다.
31) 勝(승): 완전.

不可以不深思而愼取之也[32].

四人者: 廬陵蕭軍圭君玉[33], 長樂王回深父[34], 余弟安國平父、安上純父[35].

至和元年七月某日[36], 臨川王某記[37].

◈ 유포선산기 번역

褒禪山(포선산)은 華山(화산)이라고도 하는데 당나라 때의 스님 慧褒(혜포)가 그곳에 佛舍(불사)를 짓고 거주하였다. 나중에 그곳에서 장례를 지냈으므로, 그 때문에 혜포의 후인들이 "포선산" 이라 불렀다. 지금 惠空仙院(혜공선원)이라 일컫는 곳은 혜포의 무덤과 禪房(선방)이다. 혜공선원에서 동쪽으로 5 리쯤에 이른바 華山洞(화산동)이라는 곳이 있는데 그곳이 곧 화산의 남쪽이기 때문에 그렇게 이름을 지은 것이

32) 愼取(신취): 신중하게 취용하다.
33) 廬陵(여능): 江西省(강서성) 吉安(길안). 蕭君圭(소군규): 자는 君玉(군옥), 생애는 분명치 않음.
34) 長樂(장락): 福建省(복건성)閩侯(민후). 王回(왕회): 자는 深父(심부).
35) 安國(안국): 王安國(왕안국), 자는 平父(평부)로 왕안석의 첫 번째 동생. 西京國子教授(서경국자교수)를 역임하였다. 安上(안상): 王安上(왕안상), 자는 純父(순부)로 왕안석의 막내 동생.
36) 至和(지화): 송나라 仁宗(인종)의 연호(1054-1056).
37) 王某(왕모): 왕안석.

다. 화산동에서 100여 보쯤 되는 곳에 비석이 길가에 쓰러져 있는데 문자는 마멸되어 모호하고 오직 문장 가운데 식별할 수 있는 것은 "花山"(화산)뿐이다. 지금 "華"(화)자를 발음할 때에 "華實"(화실)의 "華"(화) 로 발음하는데, 대체로 잘못 읽은 것이다.

그 아래는 평평하게 트여있고 샘물이 옆으로 흐른다. 이곳을 유람하고 동굴 벽에 기념으로 몇 자 적은 사람이 매우 많으니 이곳이 이른바 前洞(전동)이다. 산을 따라서 5, 6리 정도 올라가면 깊은 동굴이 있다. 그곳으로 들어가면 춥고, 그 굴의 깊이를 물어보면 이곳을 즐겨 유람한 사람들도 끝까지 걸어갈 수 없다고 하여 이곳을 後洞(후동)이라 부른다. 네 사람과 함께 횃불을 들고 들어갔는데 점점 깊이 들어갈수록 앞으로 나오기가 점점 어려웠고, 보이는 경치는 더욱 기이하였다. 그런데 싫증을 느끼고 나오고자 하는 사람이 있는데 말하기를: "지금 나가지 않으면 횃불이 꺼질 듯하다." 하였으므로 마침내 그들과 함께 나왔다. 아마도 내가 갔던 곳이 이곳 유람을 즐기는 사람과 비교하면 아직 10분지 1에 미치지 못할 것이다. 그러나 그 좌우를 살펴보고 나와서 이를 기록한 사람은 매우 드물었다. 대체로 더욱 깊은 곳일수록 그곳까지 이르렀던 사람은 더욱 적었다. 동굴에서 나갈 때에 나의 기력은 아직 더 들어갈 수 있었고 횃불도 밝힐 수 있었다. 이미 나온 후에야 어떤 사람은 먼저 나가려 했던 사람을 원망하였고, 나 또한 그를 따라 나와서 그 유람의 즐거움을 마음껏 누릴 수 없었음을 후회하였다.

이에 나는 탄식을 하였으나 옛사람들은 천지와 산천, 초목과, 벌레, 새 등을 관찰하고 왕왕 터득한 것이 있었다. 이것은 그들의 사고능력이 깊고 전면적이기 때문이다. 대체로 도로가 평탄하고 가까운 곳은 관광객이 많고 험하고 먼 곳에 찾아오는 사람은 적다. 세상에 기이하게 빼어나거나 웅장하고 아름다우며 기이하고, 평소에 보기 어려운 경치는 언제나 험난하고 먼 곳에 있으므로 사람이 이곳까지는 드물게 이른다. 그러므로 의지를 가진 사람이 아니면 이를 수가 없다. 의지가 있고 또한 다른 사람을 따라서 중단하지 않는다 해도 기력이 모자란 사람은 도달할 수 없다. 의지와 기력이 있고 다른 사람을 따라 중단하지 않고 계속 전진하여 멀고도 어둡고 미혹시키는 곳에 이르렀다 해도 길을 식별하여 도와주는 물건이 없으면 또한 이를 수 없다. 그러나 기력이 이르기에 충분한 사람이라도 다른 사람에게 원망을 들을까봐 중도에 중단했다가 이를 후회하기도 한다. 내 의지로 최선을 다했는데도 이를 수가 없었다면 후회하지 않을 것이니, 그 누가 비웃을 수 있겠는가? 이것이 동굴을 유람하고 내가 터득한 것이다.

내가 쓰러져 있는 비석으로 인해 고대 典籍(전적)이 유실됨을 슬퍼한다. 후세 사람이 와전되어서 진상을 분명하게 알 수 없는 것을 어찌 이루 다 말할 수 있겠는가! 이것이 학자들이 깊이 생각하고 신중하게 취하지 않으면 안 되는 까닭이다.

네 사람은 廬陵(여릉)인 蕭圭(소규) 君玉(군옥)과 長樂(장락)인 王回(왕회) 深父(심부)와 내 아우 安國(안국) 平父(평부)와 安上(안상) 純父(순부) 등이었다.

至和(지화) 元年(원년) 7월 某月(모월)에 臨川(임천) 王安石(왕안석)이 썼다.

◈ 작품 감상 및 분석

宋(송)나라 仁宗(인종) 至和(지화) 元年(원년)(1054) 7월 舒州(서주)(현 안휘성 潛山) 通判(통판)으로 근무하다 임기가 만료되어 수도로 가는 도중에 褒禪山(포선산)에서 이 遊記(유기)를 저술하였다.

본문은 遊記(유기)를 통하여 說理(설리)한 문장으로 두 개 문제를 중심에 놓고 기술하였다. 먼저 그는 등산하여 동굴을 탐사하는 과정을 통해 구체적이고 생동적으로 志,力,物(지,력,물) 삼자의 관계를 서술하였다. 그리하여 중도에 포기하는 것을 반대하고 깊이 탐색하고 어떠한 난관에도 절대 굽히지 않는 것을 장려하였는데, 반드시 이상과 능력, 적당한 물질이 조화를 이루어야만 이러한 것을 이룰 수 있는 것이다. 두 번째는 깨진 돌비석을 보고 고대 문헌 자료의 부족으로 후세의 사람들이 와전되어져 일의 진상을 분명히 알지 못하는 것을 안타깝게 생각하였다. 때문에 학자는 반드시 "深思而愼取"해야 함을 제안하였는데 이 두 가지는 治學(치학)의 각도로서 저술한 것이다.

본문은 遊記(유기)의 형식으로 인생철학을 기탁하였다. 먼저 경치를 그리고 후에 의론으로 표현하였는데, 곧 구체적 서술에서 사리가 있는 의론으로 변화하는 것이 아주 자연스럽다. 문장의 敍事(서사)는 간단하면서 생동적이며 도리를 설명하는데 점진적으로 깊어져서 정감과 이치가 서로 잘 나타나 있다. 또 허사의 운용이 뛰어났는데 "其"자를 20번 운용하여 간단명료하고 힘이 있다.

揚州新園亭記

諸侯宮室臺榭[1), 講軍實[2), 容俎豆[3), 各有制度[4). 揚, 古今大都, 方伯所治處[5), 制度狹庳[6), 軍實不講, 俎豆無以容, 不以偪諸侯哉[7)? 宋公至自丞相府[8), 化淸事省[9), 喟然有意其圖之也[10).

---

1) 諸侯(제후): 본문에서는 지방장관. 臺榭(대사): 누대.
2) 軍實(군실): 군사. 講(강): 익히다.
3) 容(용): 진열하다. 俎豆(조두): 祭器(제기).
4) 制度(제도): 법도.
5) 方伯(방백): 지방장관.
6) 狹庳(협비): 누추하고 비천하다.
7) 偪(핍): 逼(핍), 촉박하다.
8) 宋公(송공): 宋庠(송상), 자는 公序(공서), 安陸(현 湖北省)사람, 北宋(북송) 문학가. 그는 寶元(보원)(1038-1040)에 參知政事(참지정사)(부재상)을 역임하였는데, 당시 재상 呂夷簡(여이간)과 화합하지 못하고 揚州(양주)지사로 부임하였다.
9) 化淸(화청): 교화가 맑고 깨끗하다. 事省(사성): 政事(정사)는 간단히 하다.

今太常刁君實集其意[11], 會公去鎭鄆[12], 君卽而考之[13]. 占府乾隅[14], 夷茀而基[15], 因城而垣[16], 並垣而溝[17], 周六百步[18], 竹萬箇覆其上[19]; 故高亭在垣東南, 循而西三十軏[20], 作堂曰 "愛思", 道僚吏之不忘宋公也. 堂南北鄕[21], 袤八筵[22], 廣六筵[23], 直北爲射埒[24], 列樹八百本, 以翼其旁[25]. 賓至而享[26], 吏休而宴[27], 於是乎在. 又循而西十有

10) 喟然(위연): 탄식하는 모양. 圖(도): 도모하다.

11) 太常(태상): 제사와 禮樂(예악)을 주관하는 관리. 刁君(조군): 刁繹(조역), 天聖(천성) 2년(1024)에 과거시험 급제하고 通判(통판) 등을 역임하고 양주에서 사망하였음. 集(집): 성취하다.

12) 會(회): 공교롭게. 鎭鄆(진운): 宋庠(송상)이 慶曆(경력) 3년에 양주에서 운주로 전근 갔다. 鄆州(운주)는 지금 산동성 東平(동평).

13) 考(고): 준공하다.

14) 乾隅(건우): 건조한 곳.

15) 夷茀(이불): 평평하게 도로를 만들고, 잡초를 제거하다. 基(기): 터.

16) 因(인): 의거하다. 城(성): 성벽. 垣(원): 담.

17) 並(병): 연이어. 溝(구): 도랑. 해자.

18) 周(주): 주변. 주위. 步(보): 거리의 단위로 秦(진)나라 때에는 6자를 一步(일보)로 하였음.

19) 箇(개): 個(개).

20) 循(순): … 에 따르다. 軏(월): 수레의 끌채. 본문에서는 끌채 사이의 거리.

21) 鄕(향): 向(향), 향하다.

22) 袤(무): 남북의 길이.

23) 廣(광): 동서의 길이. 筵(연): 좌석.

24) 射埒(사날): 사격장 주위의 낮은 담. 埒(날): 낮은 담.

25) 翼(익): 감싸주다.

26) 享(향): 누리다.

27) 宴(연): 잔치를 베풀어 손님을 초청하다.

二軏, 作亭曰"款武", 南北鄉, 袤四筵, 廣如之, 埒如堂, 列樹以鄉. 歲時[28], 教士戰射坐作之法[29], 於是乎在. 始慶曆二年十二月某日, 凡若干日卒功云[30].

初, 宋公之政, 務不煩其民. 是役也, 力出於兵, 林資於宮之饒[31], 地瞰於公宮之隙[32], 成公志也. 噫! 揚之物與監[33], 東南所規仰, 天子宰相所垂意, 而選繼乎宜有若宋公者, 丞乎宜有若刁君者[34]. 金石可弊[35], 此無廢已. 慶曆三年四月某日, 臨川王某記.

◈ 양주신원정기 번역

지방장관의 궁실과 누대에서 무예를 익히고 제사를 지내는 일은 각기 정해진 법도가 있다. 양주는 옛날부터 지금까

---

28) 歲時(세시): 매년 일정한 때.
29) 坐作之法(좌작지법): 방어 작전의 방법.
30) 卒(졸): 끝내다.
31) 資(자): 의뢰하다. 饒(요): 부유하다.
32) 瞰(감): 멀리 보다. 隙(극): 빈터.
33) 監(감): 송나라 지방행정 단위.
34) 丞(승): 보좌하다. 이어받다.
35) 弊(폐): 손상시키다. 망치다.

지 큰 도시이고 지방의 장관이 다스리는 곳이다. 그런데 이들 건물의 규모가 누추하고 비천하여 낮아서 무예를 익힐 수가 없고 제기를 보관할 수가 없으니, 이 지방장관의 지위로 보면 너무 누추하지 않은가? 宋公(송공)께서 승상부에서 이 고을로 부임하였는데 교화는 맑고 깨끗하게 政事(정사)는 간소하게 하였다. 그러나 이것에 대해 탄식하며 궁실과 누대를 건축할 뜻을 품게 되었다.

지금 太常博士(태상박사)로 있는 刁繹君(조역군)이 실로 그 뜻을 이루어 놓았다. 공교롭게 송공은 鄆州(운주) 로 전근갔다. 조역군이 즉시 착수하여 그것을 준공하였다. 園亭(원정)은 관청의 건조한 지세에 자리하여 평평하게 도로를 만들고 잡초를 제거하고 기초를 다졌다. 城(성)에 의거하여 담장을 쌓고 담장과 연이어 도랑을 팠는데, 둘레가 600보였고 대나무 만 그루를 그 위에 빽빽하게 심었다. 옛 高亭(고정)이 담장 동남쪽에 있고 이를 따라서 서쪽으로 30월 되는 곳에 건물을 세우고 이름을 "愛思堂(애사당)" 이라 하였다. 동료들이 송공의 은덕을 잊지 않는 뜻이며, 堂(당)은 남북 向(향)으로 길이가 8丈(장)이고 폭이 6장이다. 그 정북쪽에 사격장의 낮은 담을 세우고 800 그루의 나무를 나란히 심어서 그 주변을 감싸주었다. 손님이 오면 접대할 수 있고 관리들이 쉬면서 잔치를 베풀 수 있는 곳이 여기에 있다. 또 담장을 따라 42월 되는 곳에 정자를 세우고 이름을 "隷武亭(예무정)" 이라 하였다. 그 규모는 남북 向(향)으로 길이가 4丈(장)이고 폭도 그와 같았으며, 담장도 "애사당"과 같았다. 정자를 향해 가지런히 나무를 심고 매년 일정한 시기에 군사들에게 전투 훈련, 활쏘기, 각종 방어 작전의 방법 등을 가르치는 일을 이곳에서 하였다. 園亭(원정)은 慶曆(경력) 2년 12월 모일에 착공하여 약간의 날짜가 지나자 모두 완공하였다.

처음 송공의 政務(정무)는 반드시 그 백성들을 번거롭고 괴롭히지 않도록 애쓰셨고, 이 일을 진행할 때에 人力(인력)은 군사를 동원하여 시키고, 자재는 관청의 잉여금으로 충당하였다. 대지는 관부의 빈터를 이용하였으니, 송공의 뜻을 받들어서 이룬 것이다. 아! 양주 物産(물산)과 지방은 동남지역 사람들이 우러러보고 본받고자 하는 곳이 되었으며, 천자와 재상께서도 관심을 갖게 되었다. 그러니 마땅히 송공 같은 사람을 선발하여 이를 계승하게 하고, 마땅히 조역군 같은 사람을 얻어서 이어받게 해야 할 것이다. 金石은 손상시킬 수 있지만 園亭(원정)은 황폐되지 않을 것이다. 慶曆(경력) 3년(1043) 4월 모일에 臨川(임천) 王安石(왕안석)이 쓰다.

◈ 작품 감상 및 분석

본문은 慶曆(경력) 3년(1043) 4월에 당시 왕안석이 양주에서 簽判(첨판)으로 근무할 때 초기의 문장으로 세 개의 문단으로 나눌 수 있다. 첫 번째 단락에서는 양주는 중요한 도시인데도 이름에 어울리는 정원이 없기에 정원을 조성한 이유를 설명하였다. 두 번째 단락에서는 정원을 조성하는 과정 및 방향과 규모를 상세하게 설명하였다. 마지막 단락에서는 정원이 준공되어 현지상황에 맞춰 잘 활용되었고 "力出於兵"하여 宋公(송공)이 정사를 다스리는 "不煩其民" 의 기본 철학을 실현하였는데, 곧 본문의 기본 요점이다. 본문은 敍事(서사)가 간결하고 의론의 핵심이 명확하다. 또 대비수법을 많이 사용하여 문장구조가 정연하고 운치가 있다.

周禮義序

士弊於俗學久矣[1], 聖上閔焉[2], 以經術造之[3]. 乃集儒臣, 訓釋厥旨[4], 將播之校學[5]. 而臣某實董《周官》[6].

惟道之在政事, 其貴賤有位, 其後先有序, 其多寡有數, 其遲數有時[7]. 制而用之存乎法, 推而行之存乎人. 其人足以任官, 其官足以行法, 莫盛乎成周之時[8]; 其法可施於後世, 其文有見於載籍[9], 莫

1) 士(사): 선비. 弊(폐): 기만하다.
2) 閔(민): 憫(민), 불쌍히 여기다.
3) 造(조): 양성하다.
4) 訓釋(훈석): 해석하다. 厥(궐): 其(기), 그.
5) 播(파): 전파하다.
6) 董(동): 감독하다. 책임을 지다.
7) 遲數(지삭): 늦고 빠르다. 數(삭): 빠르다.

具乎《周官》之書[10]. 蓋其因習以崇之[11], 庚續以終之[12], 至於後世無以復加. 則豈特文、武、周公之力哉? 猶四時之運, 陰陽積而成寒暑, 非一日也.

自周之衰, 以至於今, 歷歲千數百矣. 太平之遺迹, 掃蕩幾盡[13], 學者所見, 無復全經. 於是時也, 乃欲訓而發之, 臣誠不自揆[14], 然知其難也. 以訓而發之之爲難, 則又以知夫立政造事追而復之之爲難.

然竊觀聖上致法就功[15], 取成於心[16], 訓迪在位[17], 有馮有翼[18], 亹亹乎鄉六服承德之世矣[19]. 以所觀乎今, 考所學乎古[20], 所謂見而知之者[21]. 臣

---

8) 成周(성주): 주나라 成王(성왕)의 시대. 성왕이 즉위할 때는 너무 어려 숙부 周公(주공)旦(단)이 섭정하여 주나라의 법령과 제도를 건립하였다.
9) 載籍(재적): 서적.
10) 具(구): 온전하다.
11) 因習(인습): 옛 습관에 따르다. 崇(숭): 숭배하다, 추앙하다.
12) 庚續(경속): 계속하다.
13) 掃蕩(소탕): 깨끗이 씻어버리다.
14) 揆(규): 헤아리다.
15) 致(치): 끌어드리다. 就(취): 구하다.
16) 取成(취성): 성공한 경험을 골라 갖다.
17) 訓迪在位(훈적재위): 《書經·周官》: "訓迪厥官."
18) 馮(빙): 憑(빙), 의지하다. 翼(익): 돕다.
19) 亹亹乎(미미호): 《書經·周官》: "六服羣辟, 罔不承德." 亹亹乎(미미호): 근면한 모양. 六服(육복): 소수민족이 거주지 이외의 중원지역. 服(복): 천자의 도성 근처의 땅. 鄉(향): 嚮(향), 추세.

誠不自揆, 妄以爲庶幾焉[22]. 故遂昧冒自竭[23], 而忘其材之弗及也.

謹列其書爲二十有二卷, 凡十餘萬言. 上之御府[24], 副在有司, 以待制詔頒焉. 謹序.

◈ 주례의서 번역

선비들이 세속적인 학문에 빠진 지 오래 되자, 聖上(성상)께서 불쌍히 여기셔서 경학으로 중흥시키고자 하였습니다. 이에 儒臣(유신)들을 모아서 그 뜻을 해석하여 이를 학교에 전파하게 하였습니다. 신하인 나에게 실제로《周官》의 해석을 담당 감독하게 하셨습니다.

도를 政事(정사)에 적용함에 있어서, 귀하고 천한 등급에 맞는 자리가 있고, 먼저 할 일과 뒤에 할 것에는 순서가 있고

---

20) 考(고): 심사하다.

21) 見而知之(견이지지):《孟子·盡心下》: "由堯、舜至於湯, 五百有餘歲, 若禹、皐陶, 則見而知之; 若湯, 則聞而知之." 맹자는 500 년 전후로 성인이 출현하였다고 하였다. 예를 들면 禹(우)·皐(고)는 堯(요)의 신하이어서 친히 요임금과 순임금을 보고 그들이 행한 대도를 알게 되었다. 商(상)나라 湯(탕)임금이 요임금과 순임금으로부터 500여 년이 떨어져 있어 단지 그들의 도를 듣고 알아서 준행하였다.

22) 庶幾(서기): 거의.

23) 昧冒(매모): 冒昧(모매), 외람되다.

24) 御府(어부): 황제 관저.

많이 할 것과 적게 할 것에는 수량이 있으며, 빠르게 할 것과 늦게 할 것에는 때가 있는 법입니다. 이를 제정하여 적용하는 것은 법에 달려 있고 이를 추진하여 시행하는 것은 사람에 달려 있습니다. 그 인물이 관직을 담당하기에 족하고, 그 관직이 법을 시행하기에 족하게 된 것은 成周(성주)의 시대보다 더 융성한 때가 없었습니다. 그 법은 후세에 시행할 수 있고 그 文件(문건)은 典籍(전적)에서 볼 수 있는 것으로《周官》의 서적 보다 더 잘 갖추어진 것이 없습니다. 대체로 그런 것들이 옛 습관에 따르면서 추앙되었고 계속해서 부단하게 완성 되었습니다. 후세에 이르러서는 다시 더 보탤 것이 없게 된 것이지, 어찌 유독 文王(문왕), 武王(무왕), 周公(주공)의 힘 만이겠습니까? 흡사 사계절이 운행하며 음기와 양기가 축적되어서 날씨가 추웠다 더웠다 하는 것처럼 하루에 이루어진 것이 아닙니다.

주나라가 쇠망하고부터 지금에 이르기까지 수천 수백 년이 지났습니다. 태평성대의 남은 자취도 거의 다 없어져서, 학자들이 보려고 하는 온전한 경전을 볼 수가 없게 되었습니다. 그래서 이때에 경서의 뜻을 해석하고 밝히려고 합니다. 臣(신)은 진실로 자신의 역량을 헤아릴 줄도 모르지만, 그 일이 어려운 것을 알고 있습니다. 경전의 뜻을 해석하고 밝히는 것이 어려운 일이라면, 이를 정치에 적용하고 일을 시행하고자《周禮》를 상고하여 복원시키는 것도 어려운 일임을 더욱 잘 알고 있습니다.

그러나 삼가 관찰하옵건대 성상께서 법을 제정하고 성공을 이루시어 성공한 경험은 골라서 뽑아 마음에 새기고, 벼슬자리에 있는 사람들을 가르치고 계도하셨습니다. 어진 신하가 있어 의지하고 도울 수 있으며, 부지런한 정치로 주나라의 태평성대를 구하였습니다. 지금 관찰한 바로써 고대 경전에서 학습한 것을 평가하셨습니다. 이것이 소위 "見而知之" 입니다. 신은 진실로 스스로의 역량을 헤아리지 못하고 망령되게 거의 할 수 있다고 여겼습니다. 외람되게 스스로 온 힘을 다했지만 자신의 재능이 부족한 것을 잊었습니다. 삼가 이 책을 차례로 배열하니 22권이 되고, 모두 10여 만자에 이르게 되었습니다. 이를 御府(어부)에 바치고 副本(부본)은 담당 기관에 남겨 두고서 황제의 명으로 반포하기를 기다리겠습니다. 삼가 이로써 序(서)로 여깁니다.

◈ 작품 감상 및 분석

熙寧(희녕) 초 왕안석은 정권을 잡은 후 新法(신법)을 추진하였다. 신법의 이론 근거와 반대파의 공격에 대응하기 위해 희녕 6년 (1073) 3월에 神宗(신종)은 詔書(조서)를 내려 經義局 (경의국)을 설치하게 하였다. 왕안석의 추천에 의해 변법파의 중견인물 知制誥(지제고)呂惠卿(여혜경)과 왕안석의 아들 王雱(왕방)이 희녕 8년(1075년) 6월 《詩義》·《書義》·

《周禮義》를 완성하여 《三經新義》라고 한다. 《三經新義》에 있는 유가경전의 혁신사상을 발굴한 왕안석은 이 세 권의 저작에 각각 서문을 썼는데 본문은 그중의 하나인 《周禮義》의 서문으로 희녕 8년(1075)에 쓴 것이다.

《周禮》는 유가의 주요 경전 중의 하나로 각종 관직형식과 제도를 서술하였는데 《周官》이라고도 한다. 周公(주공)旦(단)이 저술했다고도 전해진다. 西周(서주)와 春秋(춘추) 시대의 정치제도를 기초로 삼았는데 후일에 점진적으로 정리되었다. 유가의 사상을 근거로 하여 계통적이고 이상적으로 편성되었기에 후세 사람들이 중시하는 중요한 경전이 되었다. 왕안석은 변법 시행 중에 《周禮》로 경제개혁을 추진하는 주요 근거로 삼았다.

왕안석은 먼저 "惟道之在政事"라고 하여 유가 도의 본질은 나라를 다스리고 세상을 구하는 것이라고 하였다. 뒤를 이어 경전의 요지를 개괄하고 경서를 편찬하는 필요성을 거듭 천명하였다. 문장구조는 정연하고 전후문장의 호응도가 좋다. 단어를 구사하고 글을 짓는 것이 다채롭고 고준하여 강직한 풍격 중에 온순하고 우아한 색채가 융합되었다. 왕안석 산문의 특색을 구체적으로 드러낸 작품으로 후기 산문의 대표작품이다.

送孫正之序[1]

時然而然[2], 衆人也[3]; 己然而然, 君子也. 己然而然, 非私己也[4], 聖人之道在焉爾[5]. 夫君子有窮苦顚跌[6], 不肯一失詘己以從時者[7], 不以時勝道也. 故其得志於君, 則變時而之道[8], 若反手然[9],

---

1) 孫正之(손정지): 이름은 侔(모), 吳興(오흥)(절강성) 사람으로 일생 은둔자로 벼슬하지 않았다. 序(서): 헤어질 때 남기는 격려와 충고의 문장으로 序跋(서발)의 序(서)와는 다름.
2) 時(시): 時俗(시속). 然(연): 이러하다.
3) 衆人(중인): 보통사람.
4) 私(사): 편애하다.
5) 聖人之道(성인지도): 유가의 정치주장과 도덕윤리 관념. 焉爾(언이): 이것일 따름이다.
6) 顚跌(전질): 넘어지다. 어려움.
7) 詘(굴): 굴복하다. 從(종): 순종하다. 추종하다.
8) 之(지): 가다.
9) 反手(반수): 손을 뒤집다.

彼其術素修而志素定也[10]. 時乎楊、墨[11], 己不然者, 孟軻氏而已[12]. 時乎釋、老[13], 己不然者, 韓愈氏而已[14]. 如孟、韓者, 可謂術素修而志素定也, 不以時勝道也. 惜也不得志於君, 使眞儒之效不白於當世[15], 然其於衆人也卓矣[16]. 嗚呼! 予觀今之世, 圓冠峨如[17], 大裙襜如[18], 坐而堯言[19], 起而舜趨[20],

---

10) 其(기): 그의. 術(술): 학술.
11) 楊(양): 楊朱(양주), 전국시대 사상가로 魏(위)나라 사람. 그는 묵자의 兼愛(겸애)와 유가의 윤리사상을 반대하고 "爲我"(위아)와 "重己"(중기) 등의 사상을 주장하였다. 墨子(묵자): 墨翟(묵적)으로 춘추 전국시대 사상가로, "兼愛"(겸애)·"非攻"(비공)·"尙賢"(상현) 등 사상을 주장하였다.
12) 孟軻(맹가): 맹자, 자는 子輿(자여). 鄒(추)(산동성) 사람으로 공자학설의 계승자.
13) 釋(석): 釋迦牟尼(석가모니). 불교의 창시자, 통칭 불교라고도 한다. 老(노): 老子(노자)로 道敎(도교)의 창시자로 추앙을 받아 본문에서는 도교를 가르킨다.
14) 韓愈(한유): 자는 退之(퇴지), 하남성 河陽(하양) 현 孟縣(맹현)사람으로 당나라 때 유명한 문학가.
15) 效(효): 효용. 不白(불백): 분명하게 나타나지 않다.
16) 卓(탁): 탁월하다.
17) 峨如(아여): 산이 높고 험한 모양.
18) 裙(군): 치마. 고대에서는 남녀공용으로 지금의 치마와는 다른 모양임. 襜如(첨여): 의복이 펴럭이는 모양.
19) 堯(요): 요임금, 전설상의 인물로 재위기간은 98년으로 舜(순)임금에게 양위하였다고 전해진다.
20) 舜(순): 순임금, 전설상의 인물로 재위기간은 18년, 禹(우)임금에게 양위하였는데 요임금과 함께 고대의 현명한 군주로 칭송받고 있다. 趨(추): 소폭으로 걸어 공경을 표시하다.

不以孟、韓之心爲心者, 果異衆人乎?

予官於揚[21], 得友曰孫正之. 正之行古之道, 又善爲古文, 予知其能以孟、韓之心爲心而不已者也. 夫越人之望燕[22], 爲絶域也[23]. 北轅而首之[24], 苟不已[25], 無不至. 孟、韓之道去吾黨[26], 豈若越人之望燕哉? 以正之之不已, 而不至焉, 予未之信也. 一日得志於吾君, 而眞儒之效不白於當世, 予亦未之信也. 正之之兄官於溫[27], 奉其親以行, 將從之, 先爲言以處予[28]. 予欲默, 安得而默也? 慶曆二年閏九月十一日[29].

---

21) 揚(양): 揚州(양주).
22) 越(월): 춘추전국시대 때 나라로 지금 浙江省(절강성) 紹興(소흥) 일대. 燕(연): 주나라 때 分封(분봉)한 제후국. 지금의 하북성 북부 일대.
23) 絶域(절역): 극히 먼 곳.
24) 轅(원): 끌채, 수레의 양쪽에 길게 앞으로 나와 마소 등을 매는 곳. 본문에서는 수레를 몰다는 의미. 首(수): 출발하다.
25) 苟(구): 만약. 已(이): 정지하다.
26) 去(거): 떠나다. 吾黨(오당): 우리들.
27) 溫(온): 절강성 溫州(온주).
28) 處予(처여): 나를 위로하다. 處(처): 편안하다.
29) 慶曆(경력): 송나라 인종의 연호.(1041-1048)

◈ 송손정지서 번역

시속에서 옳다고 여기는 것을 옳게 여기는 사람은 보통 사람들이고, 자신이 옳다고 여기는 것을 옳게 여기는 사람은 군자이다. 자신이 옳다고 여기는 것을 옳게 여긴다는 것은 자기를 편애하는 것이 아니라, 성인의 도가 자신의 언행에 녹아 있을 뿐이다. 군자는 곤궁하고 괴로울 때 하나의 원칙을 버리고 시속에 부합하려고 하지 않고 시류를 좇아 도를 손상하게 하지 않는다. 그러므로 그가 군주에게 任用(임용)이 되면, 그릇된 시속을 바꾸어 治世(치세)의 도에 부합되게 하니, 마치 손바닥 뒤집듯이 쉽게 이루어진다. 그것은 그의 학술이 평소에 닦아 놓았고 포부를 평소에 정했기 때문인 것이다. 시속에서 楊朱(양주), 墨翟(묵적)을 따를 때에 독립 견해를 가지고 시속을 따르지 않은 사람은 孟子(맹자) 뿐이었다. 시속에서 불교와 노장을 따를 때에 자신의 신조를 지키며 시속을 옳지 않다고 여긴 사람은 韓愈(한유) 뿐이었다. 그러니 맹자와 한유 같은 사람은 그 학술을 평소에 닦아 놓았고 목표를 평소에 정해 놓아서, 당시 풍조에 따라 자기의 학술과 주장을 포기하지 않았다. 애석하게도 군주의 기용을 얻지 못해 진정한 유학학설의 효용을 당세에 밝게 나타낼 수 없었다. 그러나 보통 사람들보다는 탁월하였다. 아! 내가 지금 시대를 관찰해 보니 높고 높은 禮帽(예모)를 쓰고 넓은 下衣(하의)를 너풀거리면서, 앉아서는 요임금처럼 말하고, 일어나서는 순임금의 보폭을 모방하고 걷는다. 하지만 맹자와 한유의 마음을 자기의 마음으로 삼는 자가 아니면 과연 시속을 따르는 보통 사람들과 다를 것이 있겠는가?

내가 양주에서 벼슬할 때에 孫正之(손정지)라는 벗을 얻었다. 正之(정지)는 儒家(유가)의 도를 실천하고 또한 古文(고문)을 잘 지었으니, 나는 그가 맹자와 한유의 마음을 자신의 마음으로 삼고 부단히 추구하는 사람이라는 것을 알았다. 남방 越(월)나라 사람이 북방 燕(연)나라를 바라본다면 지극히 먼 땅일 것이다. 그러나 수레를 타고 북방으로 출발하고 만약 중단함이 없으면 이르지 못할 것이 없다. 맹자와 한유가 깨달은 도와 우리들과의 거리가 어찌 월나라 사람이 연나라를 바라보는 것처럼 먼 것이냐? 정지가 이렇게 쉬지 않고 추구함으로 맹자와 한유의 도에 도달하지 못할 것이라는 주장을 나는 믿지 않는다. 어느 날 우리 군주에게 뜻을 얻어도, 진정한 유가학설의 효용이 시대에 밝게 드러나지 않을 것이라는 것도, 나는 또한 믿지 않는다. 정지의 형님이 溫州(온주)에서 벼슬하여 그 양친을 모시고 떠나게 되자 정지도 뒤따라가기에 먼저 贈別文(증별문)으로 나를 위로하였다. 내가 말을 아니 하고자 하나 어찌 말을 아니 할 수가 있겠는가? 경력 2년 閏(윤) 9월 11일.

◈ 작품 감상 및 분석

송나라 仁宗(인종) 慶曆(경력)(1042) 3월에 22세의 왕안석은 진사에 급제, 揚州(양주)에 가서 簽書淮南節度判官廳公事(첨서회남절도판관청공사)(약칭 簽判)로 임직하였다. 양주에서 孫侔(손모)(正之)를 사귀어서 두 사람은 진실한 벗이 되었다. 머지않아 손정지는 부모를 따라서 타향에 갔기에 왕안석은 그를 위해 이 글을 써서 친구에 대한 간절한 그리움과 소망을 전달하였다.

본문은 왕안석이 저술한 가장 이른 작품이다. 그는 문장에서 孟子(맹자)와 韓愈(한유) 앙모하는 것을 명확하게 밝히고 "變時之道" 를 요구하였다. 시작부터 군자는 모름지기 맹자와 한유처럼 獨立特行(독립특행)해야 하며 일반 백성처럼 定見(정견)없이 시대조류에 휩쓸리거나 세속에 부합될 수 없음을 명확하게 피력하였다. 이어서 孫正之(손정지)는 맹자와 한유를 귀감으로 삼아 "行古之道, 又善爲古文"을 행해서 반드시 군자의 경지를 이룰 수 있음을 밝혀, 왕안석이 정지에 대한 기대를 표현하였다. 이것은 실로 왕안석 자신이 스스로 권면하는 것으로 본문은 왕안석이 벼슬길에 진입하는데 자신의 정치 포부를 밝히는 선언이다.